Die polizeiliche Untersuchung von Kraftfahrzeugunfällen

Von

Max Julier,
Polizeihauptmann,
Leiter des Einzeldienstes der Schutzpolizei Würzburg

1929
J. Schweitzer Verlag (Arthur Sellier) München
Berlin und Leipzig

Druck von Dr. F. P. Datterer & Cie., Freising-München

Inhalts-Übersicht.

Einleitung.

Die dauernde und unaufhaltsame Zunahme der Kraftfahrzeuge hat, wie wir täglich im praktischen Dienst erfahren und in den Tageszeitungen lesen, eine ständig steigende Zahl von Verkehrsunfällen zur Folge. Darunter verstehen wir Ereignisse, welche aus dem Straßenverkehr plötzlich erwachsen und die Tötung, Körperverletzung oder Gesundheitsbeschädigung eines Menschen oder eine Sachbeschädigung zur Folge haben. Diese Unfälle beschränken sich aber keineswegs auf die verkehrsdichten Großstadtstraßen. Ja man kann sogar die Beobachtung machen, daß an Plätzen und Kreuzungen, die den stärksten Verkehr bewältigen müssen, die Zahl der Unfälle verhältnismäßig am geringsten ist, zum Teil infolge der polizeilichen Verkehrsregelung, zum Teil infolge der gerade dort intensiven Aufmerksamkeit aller Straßenbenutzer. Noch auffälliger ist, daß auch die verkehrsarmen Landstraßen täglich zahlreiche, meist allerschwerste Unfälle erleben. Die kriminalistische Untersuchung von Verkehrsunfällen und namentlich von Kraftfahrzeugunfällen ist also nicht nur eine neue Aufgabe der Großstadtpolizei, sondern kann tagtäglich auch an den kleinstädtischen und den ländlichen Polizeibeamten herantreten. Eine Aufklärung der Vorgänge, welche Staatsanwaltschaft und Richter voll befriedigt, ist aber um so schwerer zu erbringen, je primitiver die polizeilichen Verhältnisse sind. Gleichwohl muß auch der letzte ländliche Gendarmerie- oder Landjägerbeamte sein Bestes leisten; die nachfolgende Darstellung, die allerdings auf städtische Verhältnisse mit eigener Verkehrs- und Kriminalpolizei zugeschnitten ist, soll die Behandlung von Kraftfahrzeugunfällen erleichtern.

Die Ausführungen dürfen aber keineswegs als unumstößliches Schema angesehen werden, sondern sollen nur Richtlinien darstellen. Ich bin mir bewußt, daß jeder Fall anders ist als der vorausgegangene war und daß die Unfalluntersuchung nur in den seltensten Fällen in einem Zuge zu Ende geführt werden kann. Viel häufiger zerfällt die Ermittlung in eine Reihe von Einzelaufgaben, die zu verschiedenen Zeiten und an verschiedenen Orten, sogar auch von verschiedenen Beamten zu lösen sind. Und doch muß am Schluß ein lückenloses, festgefügtes Bild zustandekommen, das systematisch alle Umstände erfaßt hat, die irgendwie für die Aufklärung und für die gerichtliche Beurteilung der Schuldfrage von Bedeutung sind.

1. Teil.

Die Vorbereitung der Unfalluntersuchung.

A. Allgemeines.

Verkehrsunfälle spielen sich stets in breiter Öffentlichkeit ab. Die Trümmer des Dramas behindern den übrigen Verkehr und locken Neugierige in großer Zahl an. Zudem ist nach keiner Straftat die Gefahr, daß Tatbestandsänderungen vorgenommen, Spuren beseitigt oder Zeugen von zivilrechtlich interessierten Personen beeinflußt werden, so groß wie nach Kraftfahrzeugunfällen. Aus all dem ergibt sich die zwingende Verpflichtung, die Tatbestandsaufnahme mit größter Beschleunigung vorzunehmen und hiefür die erforderlichen Vorkehrungen zu treffen. Sie sind persönlicher und technischer Art.

Zur Untersuchung von Kraftfahrzeugunfällen sollten alle Beamten neben allgemeinen kriminalistischen Erfahrungen umfassende Kenntnisse auf dem Gebiet des Verkehrsrechts, insbesondere des Kraftfahrzeugrechts, besitzen, hinreichendes Verständnis für Kraftfahrtechnik zeigen und möglichst selbst zur Führung von Kraftfahrzeugen zugelassen sein. Wo nicht Spezialisten — besonders vorgebildete und erfahrene Verkehrs- oder Kriminalbeamte — vorhanden sind, müssen die übrigen Polizeibeamten darnach trachten, ihre Kenntnisse in der angedeuteten Richtung zu vervollständigen. Denn es handelt sich bei Erfüllung ihrer Aufgabe darum, daß sie trotz der Notwendigkeit größtmöglichster Beschleunigung die Tatbestandsaufnahme mit peinlichster Sorgfalt und Umsicht betreiben, um die entstandenen Hindernisse baldigst zu beseitigen und den durch den Unfall gestörten Verkehr wieder in Fluß zu bringen.

Erste Voraussetzung für rasches Eingreifen ist aber unverzügliche Nachrichtenübermittlung an die für die Untersuchung zuständige Dienststelle durch den Straßenpolizeibeamten, der als erster am Unfallort eintrifft. Nicht unwichtig ist auch, daß in Städten eine Regelung getroffen wird, inwieweit die Behandlung der Unfälle den Straßenpolizeibeamten überlassen bleiben kann und wann unter allen Umständen Spezialbeamte herbeizurufen sind. Im allgemeinen wird bei bloßen Materialschäden auf deren Mitwirkung verzichtet werden können; bei Personenschäden, und scheinen sie zunächst auch leichter Art zu sein, sollte stets die Untersuchung durch Spezialbeamte einsetzen.

In technischer Hinsicht ist erforderlich die Bereithaltung von Kraftfahrzeugen, um ohne Zeitverlust an die Unfallstelle zu gelangen, vielleicht auch um einen Arzt oder einen Sachverständigen mitzunehmen. Sofort herbeizurufen ist ferner der Erkennungsdienst mit Kamera, Meßband und Zeichenmaterial sowie dem Handwerkszeug für die Sicherung und Abnahme von Spuren und Beweismitteln. Wo kein Erkennungsdienst vorhanden ist, muß allgemein oder fallweise die Genehmigung der Staatsanwaltschaft zur Verwendung von Privatphotographen erholt werden. Als Unterlage für die Planskizzen sollte jede Polizeidienststelle mit einer guten Karte ihres Dienstbezirkes ausgerüstet sein. Wo häufig Unfälle passieren, ist es zweckmäßig sich mit Millimeterpapier zu versehen oder Zeichenblätter anzuschaffen.

B. Tatbestandssicherung.

Sie obliegt stets dem Polizeibeamten, der als erster an den Unfallort kommt. Für sein Vorgehen sind die allgemein gültigen Grundsätze der Tatbestandserhaltung maßgebend. Zum Schutz vor Verlust von Spuren muß also im weitesten Umkreis abgesperrt werden. Die Abriegelung ist um so schwerer durchzuführen, je stärker der Verkehr am Unfallort ist. Um eine wirksame Absperrung zu erreichen und um die Verwischung von Spuren, soweit solche auf dem Straßenbelag überhaupt erkennbar sind, zu verhindern, ist tunlichst eine Umleitung des Verkehrs vorzunehmen. Wo eine Ableitung durch andere Straßen nicht durchführbar oder nicht nötig ist, ist zu versuchen, durch vorsichtiges Vorbeifahren am Rand des vom Unfall berührten Fahrbahnstreifens den Verkehr während der Untersuchung aufrecht zu erhalten. Vorher soll aber das Spurengebiet möglichst abgegrenzt werden (Bild 1) durch Legen von Sträuchern, Umrahmung mit einem Seil u. dgl., Umreißen des Tatortes mit einem spitzen Gegenstand oder Umgrenzen durch Sandstreuung usw. Daß die beteiligten Fahrzeuge, soweit nicht zur Befreiung von Verletzten eine Änderung notwendig ist, unberührt am Platze stehen bleiben müssen, entspricht nur den allgemeinen Vorschriften über Tatortsicherung. Mußte eine solche Änderung vorgenommen werden, ist nach Bergung der Verletzten die ursprüngliche Lage des Fahrzeuges tunlichst sofort wieder herzustellen.

Fahrspuren, Brems-, Schleuder- und Gleitspuren sind Witterungseinflüssen sehr stark ausgesetzt. Je nach dem Wetter und der Art der Straßendecke müssen sie deshalb bis zur erkennungsdienstlichen Aufnahme mit besonderer Sorgfalt behandelt werden. Der Verlauf von nassen Reifenspuren, die auf glattem Boden rasch abtrocknen, ist durch Farbstift, Kreide oder Papier (Bild 3 und 4) festzulegen. Abdrücke im trockenen Staub halten solange, als sie nicht durch Wind oder Regen zerstört werden. Sie können erforderlichenfalls wie Eindrücke in nassem Boden durch Papier- oder vorrätig gehaltene weiße Blechstreifen gekennzeichnet werden, bis sie genau aufgenommen und in Zweifelsfällen durch Gipsabdruck gesichert sind.

Soweit sich unbeteiligte Zeugen melden oder sofort ermittelt werden, sind sie bis zur Vernehmung durch den Untersuchungsbeamten bereit zu halten. Dabei darf aber nicht übersehen werden, daß Besprechungen der Zeugen ebenso verhindert werden müssen wie ihre Beeinflussung durch Äußerungen der Polizeibeamten und Sachverständigen.

Zur Tatbestandssicherung gehört ferner, daß sich der leitende Untersuchungsbeamte beim Eintreffen vergewissert, ob und was am Tatort geändert worden ist, durch die Feststellung:

a) In welchem Zustand befand sich der Unfallort beim Eintreffen des ersten Beamten?

b) In welchem Zustand befand er sich unmittelbar nach dem Unglück?

c) Welche Änderungen sind demnach vorgenommen worden, von wem und warum?

Die Sicherstellung der Fahrzeuge sowie abgerissener und verlorener Fahrzeugteile schließen diesen Akt der Unfalluntersuchung.

C. Arbeitsplan.

Daß sich der Untersuchungsleiter schon bei seiner Ankunft am Unfallort kurz über den Vorfall orientiert hat, ist selbstverständlich. Beim Empfang der ersten Mitteilungen und Eindrücke muß er sich aber hüten, einer vorgefaßten Meinung Raum zu geben. Er darf sich auch nicht durch Zeugen ein Urteil über Hergang und Schuld aufzwingen lassen. Denn mit Vorliebe wird von Geschädigten und von autofeindlichen Zeugen versucht, die Schuld von vornherein ausschließlich dem Kraftfahrzeugführer aufzuladen.

Nach den ersten Eindrücken bildet sich der Untersuchende seinen Arbeitsplan: methodisch, fest, aber nicht unabänderlich. Einen nicht unwesentlichen Faktor bei seinen Überlegungen bildet der Umstand, daß die wichtigsten Zeugen ebenso wie der mutmaßliche Schuldige sehr häufig mehr oder weniger verletzt und deshalb nicht mehr anwesend sind (siehe 2. Teil, Abschn. B 1). Wir wollen im folgenden auf den Zeitpunkt des Verhörs keine Rücksicht nehmen, sondern von der Annahme ausgehen, daß die beteiligten Personen sofort zur Verfügung stehen. Ist das nicht der Fall, so muß die erste Vernehmungsgelegenheit, die der körperliche Zustand eines Verletzten zuläßt, ausgenützt werden. Bei sehr schweren Verletzungen kann es angebracht sein, die Staatsanwaltschaft von der eingetretenen Vernehmungsfähigkeit eines Zeugen oder Beschuldigten zu verständigen, um ihr die Möglichkeit zu geben, eine richterliche Vernehmung zu veranlassen. Inwieweit sonst die Staatsanwaltschaft von Kraftfahrzeugunfällen vor Unterbreitung der fertigen Strafanzeige zu benachrichtigen ist, bemißt sich nach den örtlichen Anweisungen. Jedenfalls ist stets unverzügliche telephonische oder telegraphische Mitteilung zu machen, wenn durch einen Verkehrsunfall der Tod eines Menschen verursacht worden ist (siehe § 159 StPO.).

2. Teil.

Die Tatbestandsaufnahme.

A. Die Ereignisse vor dem Unfall.

Wenn wir von Ereignissen vor dem Unfall sprechen, so meinen wir alle dem Unfall vorausgegangenen Handlungen und die im Zeitpunkt des Unfalls bestehenden Zustände, die auf den Vorgang von irgendwelchem Einfluß waren oder sein konnten, wie aus dem Folgenden ersichtlich.

Die Taktik, welche bei Aufklärung von Kraftfahrzeugunfällen einzuschlagen ist, lehnt sich naturgemäß eng an die Grundsätze für die Erforschung von Verbrechen an. Verbrechensuntersuchungen gehen allerdings davon aus, daß die Tat schuldhaft (vorsätzlich oder fahrlässig) begangen ist. Vorsätzliche Herbeiführung von Kraftfahrzeugunfällen ist mit Ausnahme von Anschlägen sehr selten. In der Regel haben wir es in der polizeilichen Praxis mit Fahrlässigkeitsdelikten zu tun. Wir müssen aber auch mit der Möglichkeit rechnen, daß Naturereignisse und sonstige Vorkommnisse, die außerhalb menschlicher Verantwortlichkeit liegen, namentlich technische Vorgänge, Unfälle hervorrufen können.

1. Kraftfahrzeugführer und Halter.

Die Berechtigung Kraftfahrzeuge zu steuern, ist mit wenigen Ausnahmen vom Besitz eines amtlichen Führerscheins abhängig (§§ 2 und 24 Abs. 1 KFG., § 14 Abs. 1 Halbs. 1 KVO.). Führerscheinpflicht besteht nicht:

a) Für ausschließlich im inländischen Verkehr benutzte Elektrokarren, deren betriebsfertiges Eigengewicht 1,75 Tonnen, und andere elektrisch angetriebene Kraftfahrzeuge, deren betriebsfertiges Eigengewicht 0,5 Tonnen nicht übersteigt (§ 14 Abs. 1 Halbs. 2 KVO.);

b) für ausschließlich im inländischen Verkehre benutzte Zugmaschinen ohne Güterladeraum, deren betriebsfertiges Eigengewicht 3,5 Tonnen und deren Höchstgeschwindigkeit auf ebener Bahn 15 km in der Stunde nicht übersteigen (§ 40 Abs. 1 KVO.);

c) für ausschließlich im inländischen Verkehre benutzte Zugmaschinen ohne Güterladeraum, deren betriebsfertiges Eigengewicht 2,75 Tonnen und deren Höchstgeschwindigkeit auf ebener Bahn 8 km in der Stunde nicht übersteigen (Abs. 2 a. a. O.);

d) für Kleinkrafträder (§ 27 KFG., §§ 47 und 48 KVO.).

Es ist deshalb zunächst zu prüfen: Ist der Lenker zum Führen eines Kraftfahrzeuges zugelassen, ist er zugelassen für die Kraftfahrzeugart, die er geführt hat oder ist das Fahrzeug führerscheinfrei? Hat der Führer den Führerschein bei sich? Wann und von welcher Behörde ist er ausgestellt? Ist der Inhaber des Führerscheines dessen rechtmäßiger Besitzer, ist der Führerschein nicht gefälscht? Betreibt der Führer das Lenken von Fahrzeugen berufsmäßig (§§ 222 Abs. 2, 230 Abs. 2 StGB.)? Welchem Zweck diente die Fahrt? Hat der Führer früher schon Unfälle erlitten? War ihm der Führerschein schon entzogen, warum? Bei Herrenfahrern ist zu fragen, ob er häufig oder selten fährt. Bei Ausländern ist die Kenntnis der deutschen Fahrvorschriften wichtig.

Zu den ersten Ermittlungen gehört auch die Feststellung des Fahrzeughalters, denn das Fahrzeug kann gestohlen oder sonst ohne Wissen und Willen des Halters benutzt worden sein (Schwarzfahrt). Es kann aber auch der Fall gegeben sein, daß der Halter vorsätzlich oder fahrlässig eine Person zur Führung seines Fahrzeugs bestellt oder ermächtigt hat, die keinen oder einen Führerschein anderer Klasse hat oder der die Fahrerlaubnis von der Behörde entzogen ist (§ 24 Abs. 2 KFG.). Ebenso ist die Möglichkeit vorhanden, daß der Halter den Gebrauch eines nicht zum

Verkehr zugelassenen Kraftfahrzeugs vorsätzlich oder fahrlässig gestattet hat (§ 23 Abs. 2 KFG.).

Die hohe Verantwortung, welche auf dem Kraftfahrzeugführer lastet, setzt den Vollbesitz seiner geistigen Kräfte voraus und einen körperlichen Zustand, der ihn an der Erfüllung seiner Aufgabe nicht hindert (siehe Anlage zur KVO.). Es ist also zu ermitteln: In welcher geistigen und körperlichen Verfassung befand sich der Führer; war er nüchtern oder alkoholisiert und in welchem Grade? War die Reaktionsfähigkeit seiner Nerven*) durch andere Einflüsse beeinträchtigt (durch Übermüdung infolge übermäßiger Inanspruchnahme oder mangelnden Schlafes, durch eine plötzlich aufgetretene Krankheit, durch übermäßigen Genuß von Nikotin oder durch Einnahme anderer Nervengifte)? Wie lange ist der Führer schon unterwegs, mit oder ohne Pausen? Befinden sich Augen und Ohren in einem für einen Kraftfahrzeugführer unerläßlichen Zustand oder ist seit Erteilung des Führerscheines ein körperlicher Mangel aufgetreten, der ihn zum Führer eines Kraftfahrzeuges ungeeignet macht? Das gilt besonders auch für die Sehkraft. Personen, bei denen die Sehkraft auf einem Auge ohne oder mit Glas weniger als $^1/_6$ beträgt oder denen das Sehvermögen auf einem Auge ganz fehlt, müssen beim Führen eines Kraftfahrzeugs mit offenem Führersitz eine staubdicht abschließende Schutzbrille tragen; sie dürfen einen Kraftwagen nur führen, wenn er vor dem Führersitz eine Schutzscheibe mit selbsttätigem Scheibenwischer hat (§ 15 Abs. 2 KVO.).

2. Das Kraftfahrzeug.

Ohne Rücksicht auf den Geltungsbereich des KFG. sind als Kraftfahrzeuge anzusehen:

a) Personen- und Lastkraftwagen,

b) Kraftomnibusse,

---

*) Man versteht darunter die Fähigkeit auf eine Sinneswahrnehmung (Gesicht, Gehör) hin in kürzester Zeit eine Handlung vorzunehmen z. B. vor einem plötzlich auftauchenden Hindernis Gas wegzunehmen und zu bremsen oder auszubiegen. Der Stand der Reaktionsfähigkeit zeigt sich also

c) Krafträder einschließlich der Kleinkrafträder,
d) Elektrokarren,
e) Zugmaschinen ohne Güterladeraum,
f) Kraftschlitten,
g) Raupenkraftfahrzeuge,
h) Arbeits- und Werkzeugmaschinen, sowie alle sonstigen Kraftfahrzeuge, die in § 2 Abs. 4 KVO. aufgezählt sind.

An Unfällen sind allerdings fast ausschließlich solche beteiligt, die unter das KFG. bzw. die KVO. fallen. Diese setzt eine Reihe von Bedingungen, denen das Kraftfahrzeug bei Inbetriebnahme genügen muß. Ob die technischen Eigenschaften bei Beginn der Fahrt noch ausnahmslos vorhanden waren, kann — wenn das nach dem Unfall überhaupt noch möglich ist — nur der Sachverständige nachweisen. Die von ihm vorzunehmende Prüfung erstreckt sich in erster Linie auf die Untersuchung der Lenkvorrichtung und der Bremsen (§ 4 Abs. 1 Ziff. 1 und 2 KVO.) auf ihre Verwendbarkeit. Gleichwohl soll der Polizeibeamte einstweilen die Vorfrage stellen: In welchem Zustand befand sich das Fahrzeug bei Beginn der Fahrt, welche Änderungen sind während der Fahrt eingetreten? So ist insbesondere zu ermitteln, ob die Vorschriften über Beschaffenheit, Ausrüstung und Ladung des Kraftfahrzeugs beachtet worden sind. Im einzelnen ist je nach Lage des Falles zu erfragen:

a) Art, Marke, Kraftquelle, Motorenstärke, Gewicht des Kraftfahrzeugs und der Ladung?
b) Ist der Wagen offen oder geschlossen; hatte der Führer genügenden Ausblick nach allen Seiten?
c) Wird der Kraftwagen rechts oder links gesteuert (Überblick beim Überholen)?
d) Entspricht die Bereifung den Vorschriften der KVO. (§§ 3 Abs. 2, 32 und 33 KVO.)?

---

1. in der Zeit, die jemand von der Wahrnehmung bis zur Handlung braucht, 2. in der Reaktionshandlung (Bremsen, Ausbiegen oder Auffrennen auf das Hindernis infolge Fehlens der Fähigkeit, die Erkennung eines Hindernisses in eine Abwehrhandlung umzusetzen).

e) Sind die vorgeschriebenen Bremsen, bei Lastkraftwagen die Bergstützen vorhanden (§ 4 Abs. 1 Ziff. 2 u. 3 KVO.); ist Zweirad- oder Vierradbremse eingebaut?

f) Befand sich eine vorschriftsmäßige und gebrauchsfähige Hupe am Fahrzeug (Abs. 1 Ziff. 4 u. Abs. 7 a. a. O.), mit der auch bei stillstehendem Motor Warnungszeichen abgegeben werden können?

g) In welchem Zustand befanden sich die Laternen, welcher Art sind sie (Abs. 1 Ziff. 5, Abs. 2 a. a. O.); welche Reichweite haben die großen und kleinen Scheinwerfer, d. h. auf welche Entfernung sind Gegenstände für den Führer durch die Windschutzscheibe noch gut erkennbar? Sind übermäßig stark wirkende (verbotene) Scheinwerfer vorhanden? Hat das Schlußlicht gebrannt (§ 16 KVO., § 2 der VO. über hintere Leuchtzeichen vom 27. April 1929)?

h) Ist eine Vorrichtung am Kraftwagen, die verhindert, daß das Fahrzeug von Unbefugten in Betrieb gesetzt werden kann (Abs. 1 Ziff. 6 a. a. O.)? Als solche Vorrichtungen sind u. a. anzusehen: Schloß zum Feststellen des Schalthebels, Kette zum Festlegen eines Wagenrads, herausnehmbarer Kontakt der Zündleitung (Kontaktschlüssel), abnehmbarer Griff des Brennstoffleitungsverschlusses, herausnehmbarer Stromunterbrecher (bei elektrisch angetriebenen Fahrzeugen)?

i) Ist für den Lastkraftwagen ein Spiegel vorgeschrieben (Abs. 8 a. a. O.); ist er so angebracht, daß er dem Führer die Beobachtung der Fahrbahn nach rückwärts ermöglicht?

k) War die Ladung vorschriftsmäßig verteilt, verwahrt oder befestigt; haben die Lasten die Wagenbrücke seitlich überragt, wie weit? Waren am hinteren Ende des Fahrzeugs weit hinausragende Ladungen an den Enden durch Strohkränze, Lappen oder dergleichen besonders kenntlich gemacht (Abs. 10 a. a. O.)? Wer hat die Ladung vorgenommen?

l) War die zulässige Belastung nicht überschritten (§ 16 KVO.)? Die Frage gilt sowohl für die Personenzahl in Personenkraftwagen und auf Krafträdern, als auch für die Ladung von Lastkraftwagen (§ 4 Abs. 6 KVO.). War der Führersitz so überfüllt, daß die Bewegungsfreiheit des Führers beengt war?

m) Sind Anhängewagen oder -Achsen verwendet, so ergibt sich die Frage: Sind die Bedingungen in § 32 der KVO. für die Mitführung (Gewicht, Bereifung, sonstige Ausrüstung. Bremser) erfüllt, inwieweit hat die Verwaltungsbehörde von ihrem Befreiungsrecht Gebrauch gemacht? Ist etwaigen Sonderauflagen Rechnung getragen worden?

n) Ist ein Kraftrad mit Beiwagen usw. beteiligt, so ist durch den Sachverständigen zu prüfen, ob Kraftrad und Beiwagen in zuverlässiger Weise gekuppelt waren (§ 33 KVO.)?

o) An Schleppzügen (§ 34 KVO.) ist zu prüfen, ob beide Fahrzeuge sorgfältig verbunden und das geschleppte Fahrzeug mit einem Begleiter besetzt war.

p) Bei Fahrzeugbränden ist sofort festzustellen, ob im Brennstoffbehälter ein Drahtnetz gegen das Durchschlagen von Flammen vorhanden ist. Ob die Brennstoffleitung in Ordnung war, wolle der Sachverständige prüfen. Hat sich der Führer vor der Fahrt von dem Zustand des Fahrzeugs überzeugt? Hat er die auf dem Wege eingetretenen Mängel beseitigt bzw. beheben lassen, event. warum nicht (§§ 16, 32, 33 und 48 KVO.)?

Auch der Fahrzeughalter kann hier eine Rolle spielen. Er darf die Inbetriebnahme nicht anordnen oder zulassen, wenn ihm ein Mangel bekannt ist. Zweckmäßig ist eine Nachforschung, wann die letzte amtliche Prüfung des Kraftfahrzeuges auf seine Verkehrssicherheit vorgenommen wurde (Anweisung zur Prüfung der Kraftfahrzeuge, Anlage 1 der MinBek. vom 16. März 1928, RMBl. S. 121).

Selbstverständlich muß auch nachgeforscht werden, ob das Kraftfahrzeug überhaupt zum Verkehr zugelassen war (§§ 1 u. 23 KFG.) wann, von welcher Behörde und unter welcher Erkennungsnummer, oder ob es nichtzulassungspflichtig ist (Kleinkrafträder). Nicht zugelassene Fahrzeuge tragen häufig gefälschte Kennzeichen und Polizeistempel (Strafvorschrift § 25 Abs. 1 KFG.). Ist das Typenschild (§ 4 Abs. 5 KVO.) angebracht; stimmen die Angaben auf dem Schild mit den Eintragungen in der Zulassungsbescheinigung überein?

Breite (vorne und hinten), Höhe und Länge eines Kraftfahrzeugs einschließlich Ladung, bei Lastzügen auch der Anhänger sind zu messen, wenn diese Maße für die Unfallwirkung von Bedeutung sind (z. B. bei Zusammenstoß von zwei Kraftwagen in einer engen Straße oder wenn ein Wagenaufsatz — Möbelwagen — oder die Ladung einen Schaden verursacht hat).

3. Fußgänger und Führer nichtmotorischer Fahrzeuge.

Einen starken Anteil an der großen Zahl von Verkehrsunfällen haben erfahrungsgemäß die Fußgänger. Auch bei ihnen sind körperliche und geistige Mängel häufig der Anlaß zu verkehrswidrigem Benehmen und infolgedessen zur Veranlassung von Verkehrsunfällen. Eine ärztliche Begutachtung, ob Gesicht und Gehör nicht durch Krankheit, Alter, Trunkenheit oder sonstige Umstände, frühere Betriebsunfälle oder Kriegsverletzungen herabgesetzt sind, wird die Unfalluntersuchung wesentlich vereinfachen.

Wie die KVO. an den Kraftfahrzeugführer, so stellen die von den Ländern einheitlich erlassenen Straßenverkehrsordnungen (StrVO.) für den nichtmotorischen Verkehr an die Fahrzeuglenker gewisse Anforderungen, deren Vorhandensein geprüft werden muß, wenn ein Kraftfahrzeug mit einem nichtmotorischen Fahrzeug zusammenstieß. „Die Führung von Fuhrwerken ist Personen, die wegen körperlicher und geistiger Mängel oder wegen Trunkenheit zur sicheren Führung nicht imstande sind, verboten. Solchen Personen und Personen, die strafrechtlich nicht zur Verantwortung gezogen werden können, darf die Führung nicht übergeben oder belassen werden" (§ 5 Abs. 1 StrVO.). Es ist deshalb nachzuforschen, ob der Führer die erforderlichen geistigen und körperlichen Kräfte besitzt, welche für die gefahrlose Lenkung seines Gefährtes erforderlich sind.

Ebenso muß geprüft werden, ob sich das Fahrzeug in verkehrssicherem Zustand befunden hat (§ 2 Abs. 1 StrVO.).

Dazu müssen insbesondere noch folgende Ermittlungen gepflogen werden:

a) War die Ladung vorschriftsmäßig vorgenommen und gesichert (§ 2 Abs. 3 StrVO.)?

b) Waren die Beleuchtungsvorschriften erfüllt (§§ 4 u. 6 Abs. 1 StrVO.)?

c) War bei Langholzfuhrwerken usw. ein Begleiter beigegeben (§ 5 Abs. 2 StrVO.)?

Ergibt die Untersuchung einen verdächtigen Befund oder gar den einwandfreien Nachweis von ausschlaggebenden Mängeln, so ist die Verantwortlichkeit des Führers und Halters zu prüfen unter dem Gesichtspunkt: Trat der zum Unfall führende Mangel erst während der Fahrt auf oder bestand er bereits bei der Übernahme vom verantwortlichen Halter? Hat dieser die Inbetriebnahme angeordnet, obwohl ihm der Mangel bei Beginn der Fahrt bekannt war (§ 6 Abs. 1 StrVO.)?

Sicherheitsanordnungen persönlicher und technischer Art bestehen in der StrVO. auch für Radfahrer (§§ 20 ff. StrVO.). Ob das Rad den Anforderungen der StrVO. in bezug auf Bremse, Glocke und Beleuchtung entspricht, sieht man im ersten Augenblick und und meistens selbst noch an dem durch den Unfall beschädigten Rad.

4. Der Zustand der Straße.

Der Zustand der Straßen ist für die Beurteilung der Vorgänge und der Schuldfrage erfahrungsgemäß von erheblichem Einfluß. Festzustellen sind: Art der Straßendecke (unbefestigt oder

Makadamstraße, aufgerissen oder aufgeschottert; Großpflaster, Kleinpflaster, Asphalt oder Beton); Breite der Fahrbahn, seitliche Begrenzung (Bäume und deren Abstand voneinander, Gebüsche, Kilometersteine, Telegraphenstangen, Straßengräben, Brückengeländer, Bahndämme, Wasserlauf, Böschung, Berghang); Führung der Straße: Übersichtlichkeit der Fahrbahn, Reichweite des Ausblickes, Krümmungen, Einengung durch Kieshaufen, durch aufgerissene Strecken, durch stehende Fahrzeuge oder durch sonstige Hindernisse; befanden sich in der unbefestigten Straße tiefe Furchen oder große Schlaglöcher; Straßengefäll; Art und Einwirkung des **Wetters** auf den Zustand der Straße: War sie sehr staubig oder infolge von Regen oder Tauwetter oder kurz vorher stattgefundener Besprengung naß, durch Laubfall schlüpfrig, war sie vereist oder mit Schnee bedeckt (Tiefe, Härte)?

Wie ist — bei einem nächtlichen Unfall — die Beleuchtung an der Unfallstelle nach Art und Stärke? Waren aufgerissene Straßenteile und Baugruben durch Schranken und Laternen ausgiebig gesichert?

Zur Feststellung des **Vorfahrtsrechtes** ist klarzulegen, welche von zwei zusammenmündenden oder kreuzenden Straßen die Hauptstraße und welche Nebenverkehrsweg ist. In gleichwertigen Straßen und in Zweifelsfällen steht das Vorfahrtsrecht immer dem von rechts kommenden Fahrzeug zu.

Wichtig ist weiter, ob an gefährlichen Stellen von Durchgangsstraßen **Warnungstafeln** aufgestellt sind (§ 5 a KFG.).

Soweit **Bahnübergänge** eine Rolle spielen, ist zu sehen, ob der Bahnübergang durch Schranken gesichert ist, ob er bewacht ist oder nicht, ob eine Läutvorrichtung vorhanden ist, ob der Übergang beleuchtet ist oder nicht, ob Warnungstafeln gut sichtbar angebracht sind und in welchem Abstand vom Gleisübergang. In welcher Entfernung kann der Bahnübergang als solcher und von wo ab die geschlossene Schranke deutlich erkannt werden? In welcher Zeit kann die Schranke herabgelassen werden (von Bedeutung, wenn ein Fahrzeug innerhalb der geschlossenen Schranke vom Zuge erfaßt wurde)?

Bestehen für die Überwachung und das Befahren des Bahnüberganges besondere Dienstanweisungen? Die allgemeinen Bestimmungen hierüber sind in § 18 der Eisenbahnbau- und Betriebsordnung vom 17. Juli 1928 (RGBl. II S. 541) enthalten.

B. Der Unfall und seine Folgen.

1. Unfallmöglichkeiten, Unfallfolgen.

Sind alle jene Vorgänge und Zustände ermittelt, die — wie bisher skizziert — dem Ereignis vorausgingen, so beginnt die Untersuchung des Unfalls selbst. Der Untersuchende muß sich bei seiner ganzen Tätigkeit über zwei Punkte klar sein: Einmal darüber, daß sich die Vorgänge oft mit Gedankenschnelle abspielen und sich nachträglich häufig nicht mehr in ihre Einzelheiten zerlegen lassen; zum andern darüber, daß sich der Sachverhalt nachträglich meist nicht mehr mit Sicherheit feststellen läßt, wenn die ersten Ermittlungen nicht mit größter Umsicht und Sorgfalt gepflogen worden sind.

Die Untersuchung beginnt mit der genauen Feststellung der Zeit des Unfalls und der Lage des Unfallortes. Innerhalb der Städte und Dörfer begegnet die Festlegung des Ortes keinen Schwierigkeiten. Auf der Landstraße ist die Entfernung vom nächsten Kilometerstein zu messen, wenn nicht eine näherliegende Örtlichkeit als Anhaltspunkt dienen kann.

Aus der Lage der Fahrzeuge, aus ihren Beschädigungen, aus den Radspuren, den Beschädigungen an Häusern, Bäumen, Gaskandelabern usw. konnte sich der Untersuchungsbeamte bereits ein ungefähres Bild des Unfallablaufes machen, soweit nicht vor seinem Eintreffen wesentliche Änderungen des Tatbestandes vorgenommen worden sind. Es kann vorliegen:

a) Zusammenstoß eines Kraftfahrzeugs mit einem anderen oder mit einem nichtmotorischen Fahrzeug;

b) Anfahren oder Überfahren eines Fußgängers;
c) Anfahren eines Kraftfahrzeugs an ein Gebäude oder eine andere unbewegliche Sache;
d) Umfallen eines Kraftfahrzeugs infolge Einsinkens in einen Graben;
e) ein Fahrzeugbrand;
f) ein Anschlag auf das Kraftfahrzeug.

Zusammenstöße, Anfahren von Personen und Sachen sind nicht immer nur auf Außerachtlassung von Verkehrsvorschriften zurückzuführen, sondern können auch in vorausgegangenen Maschinenschäden ihre Ursache haben, unter Umständen auch in Schleudern oder Gleiten eines Kraftfahrzeugs. Diese Vorgänge wiederum können eine Folge von Bedienungs- oder von Materialschäden sein. Die schwerwiegendsten Materialschäden sind Federbrüche, Achsbrüche (Bild 18), Versagen der Steuerung oder der Bremsen, Platzen der Reifen. Die Stellungnahme zu derartigen Materialschäden ist stets dem Sachverständigen vorbehalten. Der Polizeibeamte hat lediglich von der beobachteten oder als wahrscheinlich angegebenen Ursache Kenntnis zu nehmen und dem Sachverständigen bzw. der Staatsanwaltschaft davon Mitteilung zu machen. Dasselbe gilt für Fahrzeugbrände.

Die nächste Frage bei der Aufnahme des Tatbestandes befaßt sich mit den Beteiligten: Wer ist von dem Unfall betroffen (ein einzelnes Kraftfahrzeug allein, mehrere Kraftfahrzeuge, Eisenbahn, Straßenbahn, Fuhrwerke, Reiter, Radfahrer, Fußgänger, welche die Straße benutzten, Personen, welche Fahrräder, Handkarren, Handwagen, Kinderwagen usw. schoben oder zogen? Die nächste Frage ist dem Woher und Wohin des oder der Beteiligten gewidmet. Damit ist die Untersuchung zeitlich und örtlich am Ereignis selbst angelangt. Alle Möglichkeiten des Vorfalls erwägend, befaßt sie sich nacheinander mit den beteiligten Personen und Fahrzeugen sowie mit der Fahrbahn und den Witterungseinflüssen.

Die Schwere des Unfalles wird im allgemeinen nach dem entstandenen Schaden beurteilt, ob Personen- oder Sachschaden oder beides eingetreten ist, ob jemand getötet oder verletzt wurde: welcher Art sind die Verletzungen, welcher Art die Sachschäden? Genaue Angaben hierüber sind freilich meist nicht sofort, sondern erst zu einem späteren Zeitpunkte zu erbringen.

Unmittelbarer Bestandteil der Erforschung von Art und Schwere der Verletzungen ist die Feststellung, wer den Verletzten die erste Hilfe geleistet hat und wohin sie gebracht wurden? Diese Fragen sind durchaus nicht nebensächlicher Natur, wie häufig angenommen wird. Denn es muß mit Versicherungsschwindel der Verletzten gerechnet werden oder mit gewaltsamer Verschlimmerung der Unfallfolgen, um damit eine möglichst hohe Entschädigung herauszuwirtschaften. Wegen baldiger Vernehmung ist die Unterbringung wissenswert, um unter dem frischen Eindruck des Vorgangs und vor Beginn von etwaigen Beeinflussungsversuchen vorgehen zu können.

Daß die Polizeibeamten sich nach Möglichkeit an der Versorgung der Verletzten beteiligen, ist selbstverständlich. Dabei muß darauf gesehen werden, daß durch die erste Hilfeleistung nicht wertvolle Spuren und Beweismittel zerstört werden. Nach Möglichkeit sind die Stellen, wo die Verletzten gelegen haben, am Boden zu kennzeichnen. Durch Skizze und Notiz ist festzuhalten, in welcher Körperlage und Richtung sie gefunden wurden.

Zur Versorgung der Verletzten kann im Bedarfsfalle ein Polizeibeamter die Leistung von Nothilfe gemäß § 360 Ziff. 10 StrGB. verlangen. Die hauptsächlichsten Arten der Nothilfe werden sein: vorübergehende Aufnahme von Verletzten in benachbarten Privathäusern, Hergabe von Wasser und Verbandsstoffen; Beförderung in ein Krankenhaus oder in die Wohnung des Verletzten durch Fahrzeuge, welche die Unfallstelle passieren.

Für die Form der Aufforderung besteht keine Vorschrift. Die Gewährung von Nothilfe darf abgelehnt werden, wenn sie der Aufgeforderte nur mit erheblicher eigener Gefahr leisten könnte.

2. Das Verhalten des Kraftfahrzeugführers.

Die KVO. legt dem Führer eine Reihe von Pflichten auf, von deren Einhaltung die Sicherheit des Straßenverkehrs abhängig ist, namentlich die Pflicht zu gehöriger Vorsicht in Leitung und Bedienung des Fahrzeugs. Im einzelnen sind in den §§ 17—29, 31—34, 41 Abs. 3 Halbsatz 1 die Forderungen aufgestellt, die Vorbedingung für eine gefahrlose Verwendung des Kraftfahrzeuges sind. Infolgedessen ist u. a. festzustellen:

a) Hat der Führer die gehörige Vorsicht in Leitung und Bedienung seines Fahrzeugs walten lassen? Er hat nicht nur die Pflicht, die Fahrbahn im Auge zu behalten, sondern auch beide Seiten derselben, gegebenenfalls unter gleichzeitiger Abminderung der Fahrgeschwindigkeit. Wurde Unaufmerksamkeit, Unterhaltung mit Fahrgästen beobachtet? Ist das Verhalten des Kraftfahrzeugführers durch besondere Vorkommnisse beeinflußt worden: Scheuen von Pferden — ist der Führer hieran nicht selbst schuld infolge übermäßigen Hupens (§ 19 Abs. 2 KVO.) oder rasender Fahrt —; Blendung durch die Sonne, Fallen eines Schusses oder sonstige Explosion, Platzen eines Reifens, Blitzschlag, plötzliches Versagen der Beleuchtung, Hineinspringen eines Tieres in die Fahrbahn, vorschriftswidriges Fahren des andern usw.? Wie hat sich der Führer kurz vor dem Unfall benommen? Hat er die Geistesgegenwart verloren und durch planlose Handlungen, z. B. wiederholte Änderung der Fahrtrichtung, Gebung falscher Richtungszeichen den Unfall herbeigeführt?

b) Welche Geschwindigkeit hatte das Kraftfahrzeug? Die Einhaltung der Höchstgrenze*) ist noch kein Beweis für die Wahrung der Sorgfaltspflicht? Wesentlich ist, daß der Führer die Fahrgeschwindigkeit so eingerichtet hat, daß er in der Lage

*) Eine umfassende Tabelle befindet sich in Julier, Die Höchstgeschwindigkeiten der Kraftfahrzeuge, Bayerischer Kommunalschriftenverlag, München 1928 (—.50 RM.).

blieb, seinen Verpflichtungen Genüge zu leisten (§ 18 Abs. 1 KVO.), also jederzeit halten zu können. Langsamfahren ist insbesondere vorgeschrieben,

1. wenn der Überblick über die Fahrbahn behindert ist (durch Krümmungen, Kurven, Kreuzungen, Straßeneinmündungen, vorausfahrende Fahrzeuge, Hecken, Einfriedungen usw.),
2. wenn die Sicherheit des Fahrens durch die Beschaffenheit des Weges beeinträchtigt ist (siehe Abschnitt A 4),
3. wenn lebhafter Verkehr herrscht (§ 18 Abs. 2 KVO.); außerdem
4. wenn der Führer merkt, daß ein Tier vor dem Kraftfahrzeug scheut, oder daß sonst durch das Vorbeifahren Menschen oder Tiere in Gefahr gebracht werden (§ 20 KVO.).

In diesen Fällen muß demnach so langsam gefahren werden, daß das Fahrzeug auf kürzeste Entfernung zum Stehen gebracht werden kann. Im Falle 4. muß erforderlichenfalls die Maschine oder der Motor außer Tätigkeit gesetzt werden und solange ausgesetzt bleiben, bis die Gefahr behoben ist. Lag also ein Grund zum Langsamfahren vor, so ist zu prüfen, ob der Führer dies getan hat.

Skizze 1 und Bild 5: Auffahren eines ungeübten Fahrers auf den Fußsteig infolge übermäßiger Geschwindigkeit bei der Talfahrt;

Skizze 2, Bild 6 u. 7: Zusammenstoß zwischen 2 Personenkraftwagen infolge übermäßiger Geschwindigkeit; siehe auch Anzeigenmuster 1, insbesondere die Fußnote dazu.

Skizze 3 und 4 und Anzeigenmuster 2: Zusammenstoß zwischen Sanitätskraftwagen und Handwagen an einer schlüpfrigen und wenig übersichtlichen Straßeneinmündung.

Als Beweis für die Geschwindigkeit vor dem Unfall kann besonders eine B r e m s s p u r dienen. Sie entsteht dann, wenn der Wagen plötzlich zum Stehen gebracht werden mußte. Durch das scharfe und ruckartige Anziehen der Bremse wird der Umlauf der Räder gehemmt (blockiert). Da die Schiebekraft des in Bewegung gewesenen Fahrzeugs aber noch nachwirkt, wird das Fahrzeug bzw. die blockierten Räder nach Eingreifen der Bremse ein Stück weitergeschoben, wodurch eine Schleifspur entsteht, die im Gegensatz zur Fahrspur keine Reifenmuster mehr erkennen läßt. Je höher die Geschwindigkeit eines Fahrzeugs ist, desto länger dauert es, bis es zum Stehen gebracht ist, desto länger und im weichen Boden tiefer ist auch die Bremsspur. Sie ist wiederum länger, wenn das Kraftfahrzeug nur mit einer Zweiradbremse versehen ist, als wenn Vorder- und Hinterräder abgebremst werden können (Vierradbremse an Kraftwagen).

Es ist daher stets zu erforschen: Wie wurden die Bremsen betätigt, Hand- oder Fußbremse oder beide gleichzeitig? Hat der Führer ausgekuppelt, um den Motor vom Getriebe zu trennen (sofort nachsehen, ob der Kupplungshebel eingeschaltet ist und auf welchen Gang oder ob er auf Leerlauf steht!)? Krümmungen der Fahrspur vor der Unfallstelle deuten auf Unsicherheit des Führers oder auf Ausweichversuche.

Bei der Beurteilung der Bremswirkung ist jedoch nicht nur die Länge der Bremsspur zu berücksichtigen, sondern auch die Beschaffenheit des Straßenbelags, der Neigungswinkel (Steigung oder Gefäll) der Straße und die Belastung des Kraftfahrzeugs.

Nicht zu verwechseln mit Bremsspuren sind S c h l e u d e r- u n d G l e i t s p u r e n. Sie entstehen namentlich

1. beim Befahren von feuchtem, vereisten oder sonst sehr glattem Straßenbelag,
2. wenn die Geschwindigkeit in der Kurve zu hoch war,
3. wenn bei hoher Geschwindigkeit die Steuerung plötzlich in eine andere Richtung gerissen wurde oder
4. wenn in Kurven bei hoher Geschwindigkeit plötzlich stark gebremst wurde.

Schleuderspuren liegen in einem spitzen oder stumpfen Winkel bzw. in einem Kreisbogen zur Fahrtrichtung, Vorder-

und Hinterräder laufen nicht mehr auf einer Spur. Aus ihrer Lage ist die Wucht zu erkennen, mit der das Fahrzeug aus der bisherigen Fahrtrichtung abgelenkt wurde.

c) Wurden beim Herannahen des Fahrzeugs, bei Änderung der Fahrtrichtung und vor dem Anhalten Warnungszeichen (Hupensignale, mechan. oder Armzeichen) gegeben, in welchem Umfang und an welcher Stelle (§§ 19 und 26 KVO.)? Zeitpunkt und Maß der Hupenzeichen richten sich nach der Entfernung vom gefährdeten Objekt, der Geschwindigkeit der Fortbewegung und der Übersichtlichkeit des Weges. Wurden die Warnungszeichen gehört bzw. gesehen? Wurde ein verletzter Fußgänger durch plötzliches starkes Hupen erschreckt?

Skizze 5: Zusammenstoß zwischen Lastkraftwagen und Kraftrad; Lastkraftwagen links gefahren, kein Hupenzeichen.

d) Hat der Führer die Zeichen und Weisungen der Polizeibeamten (Straßenposten) beachtet (§ 27 KVO.)?

e) Hat der Führer die Vorschriften über Rechtsfahren (§ 21 Abs. 1 KVO.) eingehalten, insbesondere beim Durchfahren einer scharfen oder unübersichtlichen Wegkrümmung?

Skizze 6: Zusammenstoß zwischen Motorradfahrer und Radfahrer; Motorradfahrer auf der Mitte der Straße gefahren, Radfahrer Bogen nach links zu kurz genommen.

f) Wie ist beim Einbiegen in einen anderen Weg die Wendung genommen worden (§ 21 Abs. 2 KVO.)? Vorschrift ist kurzer Bogen nach rechts, weiter Bogen nach links!

Skizze 7: Schneiden der Kurve durch einen Kraftwagen. Da der in die Armenhausgasse in kurzer Wendung nach links einbiegende Kraftwagen plötzlich die Fahrbahn eines geradeausfahrenden Kraftrades schnitt, mußte der Kraftradfahrer, um einen Zusammenstoß zu vermeiden, aufs stärkste bremsen. Dadurch löste sich der hintere Radreifen, wodurch der Fahrer auf den Fußsteig geschleudert wurde.

Skizze 8: Unfall durch Schneiden der Linkskurve und Vorfahren vor die Straßenbahn. Der Personenwagen, der auf der

Hauptverkehrsstraße außerhalb eines geschlossenen Ortsteiles fuhr, durfte im allgemeinen unbeschränkte Geschwindigkeit anwenden und rechnete nicht mit dem Auftauchen des Motorrades.

g) Wurden die Vorschriften für Ausweichen und Überholen (§§ 22, 23 KVO.) beachtet? In welchem Abstand fuhr das überholende Kraftfahrzeug am Überholten vorbei? Ist der Führer zum Überholen genügend lang ausgebogen, ist er an einer unübersichtlichen oder verengten Stelle vorgefahren? Wodurch war die mangelnde Übersicht hervorgerufen? Hat sich der Führer vor der Überholung überzeugt, daß ihm nicht auf enger Fahrbahn ein Fahrzeug entgegenkommt? Hat der Führer, der überholt werden wollte, die Fahrbahn durch sofortiges Rechtshalten freigemacht?

h) Welches Fahrzeug hatte das Vorfahrtsrecht (§ 24 KVO.)? Nicht zu verwechseln mit dem Vorfahrtsrecht, d. h. dem Rechte vor dem anderen Fahrzeug in eine Straße einzubiegen oder eine Straße zu überqueren, ist „das Vorfahren", das ist die Überholung eines Fahrzeuges in der gleichen Richtung (Abschnitt g).

Skizze 9: Zusammenstoß an 2 Hauptverkehrsstraßen: Das Vorfahrtsrecht gebührte dem Kraftwagen.

i) Fahrzeuge der Polizei und Feuerwehr, die sich durch besondere Zeichen kenntlich machen, haben an Kreuzungen und Einmündungen stets das Vorfahrtsrecht vor anderen Fahrzeugen; im übrigen ist ihnen schon bei ihrer Annäherung freie Bahn zu schaffen (§ 25 KVO., § 14 StrVO.). Ferner ist Kranken- und Rettungswagen sowie in Tätigkeit befindlichen Spreng- und Kehrmaschinen Platz zu machen. Sind also derartige Fahrzeuge an Unfällen beteiligt, so ist zu prüfen, ob deren Recht auf freie Bahn gewahrt wurde.

k) War das stehende Fahrzeug so aufgestellt, daß es den Verkehr nicht behinderte (§ 28 KVO.)? Hat der Führer sich entfernt, solange der Motor lief? Hat er Vorkehrungen getroffen, um Unfälle und Verkehrsstörungen zu vermeiden? War eine Person zur Aufsicht zurückgelassen worden? Als ausreichend sind nur solche anzusehen, die im Besitz des Führerscheins sind. War die Beleuchtung (Standlicht und hinteres Kennzeichen bzw. Schlußlicht am Anhänger) in Ordnung und bei Eintritt der kalendermäßigen Dunkelheit in Brand gesetzt?

Nicht selten ereignen sich Unfälle dadurch, daß Unberechtigte die Bremsen stehender Kraftfahrzeuge lösen oder das Fahrzeug überhaupt in Betrieb setzen. Soweit Kraftwagen in Frage kommen, ist zu ermitteln, ob nicht eine Fahrlässigkeit des Führers vorliegt, der es unterlassen hat, Antriebskurbel, Anlasserschlüssel usw. (siehe Abschnitt A 2 h) abzuziehen.

l) Wichtig ist auch die Feststellung: Ist der befahrene Weg für Fahrzeuge der am Unfall beteiligten Art freigegeben (§ 29 KVO.) und in welcher Richtung? Mußte der Führer mit dem Auftauchen eines entgegenkommenden oder einbiegenden Fahrzeugs rechnen.

Beim Anfahren von Radfahrern und Fußgängern auf Landstraßen ohne erkennbaren Fußweg ist zu prüfen, ob das Kraftfahrzeug den vorgeschriebenen Abstand von einem Meter vom Straßenrand hatte, falls die Breite der Fahrbahn einen solchen Abstand zuläßt?

m) Hatte der Führer vorschriftsmäßige Beleuchtung eingeschaltet? Wurden Tiere oder Menschen durch Scheinwerfer geblendet? Ist ein übermäßig starker Scheinwerfer verwendet worden (Prüfung der Beleuchtungseinrichtung auf Grund § 4 Abs. 1 Ziff. 5 und § 17 Abs. 3 KVO., siehe Anlage 4 zur RMinV. vom 16. März 1928, RMBl. S. 121!).

Ob ein Ortsteil als beleuchtet anzusehen ist, hat der Kraftfahrer selbst zu entscheiden; er darf mit dem kleinen Scheinwerfer fahren, wenn man unter Berücksichtigung der Ortsbeleuchtung bei angemessener Geschwindigkeit jede Gefahr rechtzeitig zu erkennen vermag.

Als stark ist ein Nebel anzusprechen, wenn durch den Nebel die Beleuchtung derart aufgehoben oder vermindert ist, daß Gefahr beim Fahren besteht.

n) Häufig ereignen sich Unfälle auch bei der Ausfahrt aus Höfen und Gebäuden. Hier erstreckt sich die Feststellung im besonderen darauf, ob genügende und deutlich wahrnehmbare Warnungszeichen gegeben oder die sonstigen Vorsichtsmaßregeln beachtet wurden, die notwendig oder von den Polizeibehörden ausdrücklich angeordnet sind, z. B. Aufstellung einer Person zur Warnung, namentlich beim Zurückstoßen eines Fahrzeugs gegen die Straße.

o) Zusammenstöße mit der Straßenbahn ereignen sich meist an Straßenkreuzungen infolge übermäßiger Geschwindigkeit des kreuzenden Kraftfahrzeugs, Unachtsamkeit des Führers oder Verkennung des Vorfahrtsrechts (§ 24 KVO.), bei der Fahrt in gleicher oder entgegengesetzter Richtung wie die Straßenbahn durch mangelndes oder falsches Ausweichen des Kraftfahrzeugs (§§ 22 u. 25 Abs. 2 KVO.), durch Überholen an ungeeigneten Stellen und auf der falschen Seite (§ 23 KVO.), durch unvorsichtiges Ändern der Fahrtrichtung. Beim Auffahren der Straßenbahn auf Kraftfahrzeuge ist zu prüfen, ob der Kraftwagenführer das Herannahen der Straßenbahn wahrnehmen oder Glockensignale hören konnte. Bei Unfällen an Haltestellen messe man Abstand des Straßenbahngeleises vom Fußsteigrand unter Abzug der Ausladung des Straßenbahnwagens, Breite des Kraftfahrzeugs; Abstand des Kraftfahrzeugs von der Straßenbahn. Außerdem spielt hier noch die Geschwindigkeit eine maßgebende Rolle (§ 23 Abs. 2 KVO.).

Skizze 10: Zusammenstoß zwischen Straßenbahn und Kraftwagen. Es ist fraglich, ob der Kraftwagenführer in genügend großem Bogen nach links eingefahren ist. Aber abgesehen davon traf ihn die Verpflichtung, bei Begegnung mit der Straßenbahn anzuhalten (§ 22 Abs. 1 KVO.).

Skizze 11: Der aus dem Stand wegfahrende Kraftwagen beachtete beim Überholen nicht, daß er dabei das Straßenbahngeleise benützen mußte und daß die Straßenbahn hinter ihm herkam. Er wurde deshalb von der Straßenbahn angerempelt und gegen den stehenden Wagen geschoben.

Skizze 12: Zusammenstoß zwischen Straßenbahn und Kraftwagen wegen Nichtbeachtung des Vorfahrtsrechts der Straßenbahn beim Überqueren der Geleise.

p) Zusammenstöße mit der Eisenbahn werfen außer der Ermittlung der Kraftfahrzeuggeschwindigkeit die Frage nach der Sicherung des Bahnübergangs auf, also

1. ob die Schranken tatsächlich geschlossen waren oder durch Unbefugte wieder geöffnet wurden,
2. ob bei fernbedienten Schranken vor dem Schließen Läutezeichen ertönt sind,
3. ob innerhalb bebauter Gebiete vor ungesicherten Bahnkreuzungen die vorgeschriebenen Signale abgegeben wurden oder ein Mann zur Warnung aufgestellt war.

Siehe im übrigen §§ 46, 58 und 79 der Eisenbahnbau- und Betriebsordnung vom 17. Juli 1928 (RGBl. II S. 541).

Skizze 13 und Bilder 8—14, sowie Anzeigenmuster 3.

q) Von starkem Einfluß auf Kraftfahrzeugunfälle kann das Wetter sein. War der Überblick über die Fahrbahn durch Staub, Nebel, starken Regen, Schneetreiben oder sonstwie (Sonnenblendung) behindert? Mittelbar gehört hierher also auch der Fall, daß ein vorausfahrendes Fahrzeug Staub in einem Maße aufgewirbelt hat, daß dadurch die Sicht aufgehoben war.

r) Umfallen eines Kraftfahrzeugs ist nicht nur infolge Unachtsamkeit des Führers möglich, sondern auch infolge Blendung durch entgegenkommende Scheinwerfer, durch eigene ungenügende Beleuchtung, durch Nebel, starken Regen oder Schneetreiben und schließlich durch Anfahren (Hinausdrücken) eines überholenden Fahrzeugs. Je nach den Umständen und dem Entlastungsvorbringen des Führers sind die Ermittlungen vorzunehmen.

s) Bei Fahrzeugbränden ist möglichst durch den Sachverständigen festzustellen, ob der Benzinabsperrhahn abgedreht wurde? In welchem Zustand sich der Vergaser befand, kann ebenfalls nur der Sachverständige beurteilen. Dagegen kann der Polizeibeamte nachforschen, ob etwa jemand bei offenem Tank oder Vergaser geraucht hat.

t) Die letzte Unfallmöglichkeit ist ein Anschlag auf ein Kraftfahrzeug: Schießen, Werfen mit Steinen, Seilspannen über die Straße, Aufreißen des Straßenkörpers, Hinlegen von Bäumen usw., Streuen von Nägeln und Glasscherben. In all diesen Fällen handelt es sich aber um rein kriminelle Vorgänge, die nach den allgemeinen kriminalistischen Regeln zu klären sind.

Was bisher von der Verantwortlichkeit des Kraftfahrzeugführers gesagt wurde, gilt bei Übungs- und Prüfungsfahrten (§ 41 KVO.) für den Fahrlehrer (§ 3 Abs. 2 KFG.).

3. Das Verhalten des Fuhrwerklenkers usw.

Die Vorschriften der KVO. für die Benützung öffentlicher Wege sind — soweit eine Einheitlichkeit notwendig und möglich war — jenen der StrVO. vollständig, auch textlich, angeglichen worden. Es ist deshalb entbehrlich, alle Fragen, die sich auf Rechtsfahren, Einbiegen, Ausweichen, Überholen, Vorfahren an Wegkreuzungen, Verhalten gegenüber der Feuerwehr usw., Zeichengebung und Benützung öffentlicher Straßen (§§ 8—17 StrVO.) beziehen und schon im vorigen Abschnitt erörtert wurden, zu wiederholen. Im übrigen können bei Beteiligung oder Schuld von Fuhrwerkslenkern, Radfahrern, Reitern, Viehtreibern an Unfällen noch folgende Ermittlungen notwendig werden:

a) Hat der Führer seine Pflichten verletzt durch nachlässige Führung, durch Einnahme eines ungeeigneten Platzes, insbesondere durch Aufsitzen auf die Deichsel, durch Schlafen, durch ungenügende Sicherung und verbotswidrige Mitnahme von nicht eingespannten Tieren (§ 7 StrVO.)?

b) Sind die Beleuchtungsvorschriften eingehalten, insbesondere die Vorschriften über Beleuchtung der Langholzfuhrwerke (§§ 4 und 6 StrVO.) sowie über deren Begleitung durch einen weiteren Mann (§ 5 Abs. 2 StrVO.)?

c) Sind am stehenden Fuhrwerke alle notwendigen Vorsichtsmaßnahmen (Aufstellung, Absträngen der Tiere, Beleuchtung) getroffen (§ 17 StrVO.)?

d) Hat ein Radfahrer unzulässigerweise größere Kinder oder Erwachsene oder Gegenstände mitgeführt, die seine Bewegungsfreiheit beeinträchtigt haben (§ 21 StrVO.)? Ist er mit übermäßiger Geschwindigkeit gefahren (§ 22 StrVO.)? Hat er seiner Warnungspflicht genügt?

Skizze 14: Unfall einer Radlerin bei Begegnung mit einem Autobus und gleichzeitiger Überholung eines Handwagens. Die Radlerin wurde dabei unsicher und fiel gegen den Autobus, von dem sie beiseite geschleudert wurde.

Skizze 15: Nichteinhaltung der Fahrordnung durch eine Radfahrerin. Diese fuhr mit einer starken Geschwindigkeit aus der Laugingerstraße in die Ulmerstraße — Hauptverkehrsstraße — und schnitt dabei die Kurve. Da gleichzeitig ein Lastzug durch die Ulmerstraße auf die Einmündung der Laugingerstraße zufuhr, verlor die Radlerin die Herrschaft über ihr Fahrzeug und stieß zwischen Vorder- und Hinterrad auf den Lastkraftwagen auf. Der Lastzug kam erst nach einigen Metern zum Halten, weshalb das rechte Hinterrad des Kraftwagens und die beiden Vorderräder des Anhängers über das Mädchen hinweggingen.

4. Das Verhalten der Fußgänger.

Das Verhalten eines getöteten oder verletzten Fußgängers ist dahin zu untersuchen, wie er sich vor dem Unfall benommen hat, ob er ein Warnungssignal gehört, das Fahrtrichtungszeichen gesehen hat? Hat er die Geistesgegenwart verloren und durch planloses Hin- und Herlaufen den Unfall heraufbeschworen? Die gleiche Nachforschung ist anzustellen, wenn ein Fußgänger zwar nicht selbst in Mitleidenschaft gezogen war, aber durch sein verkehrsstörendes Verhalten auf der Straße den Kraftfahrzeugführer irre gemacht oder zu übermäßigem Bremsen veranlaßt hat, wodurch ein nachfolgendes Fahrzeug aufgefahren oder der Wagen ins Schleudern gekommen ist und andere Schäden entstanden sind.

Mancher Unfall ist darauf zurückzuführen, daß Fußgänger hinter größeren Fahrzeugen plötzlich die Fahrbahn betreten. Hiebei wird meistens von vornherein die Meinung vertreten, der Fußgänger trage die ausschließliche Schuld. Es muß aber stets bedacht werden, daß der Führer verpflichtet ist, mit solchen Fällen zu rechnen und daß er deshalb seine Fahrgeschwindigkeit stets so einzurichten hat, daß er seinen Verpflichtungen in jedem Augenblick Genüge leisten kann. Schließlich ist die Lage vielfach so, daß der Überblick über die Fahrbahn behindert oder sonst einer der Fälle gegeben ist, in denen so langsam gefahren werden muß, daß das Fahrzeug auf kürzeste Entfernung zum Stehen gebracht werden kann (§ 18 Abs. 2 KVO.; siehe S. 25).

Skizze 16: Der Fußgänger, der trotz Warnungszeichen immer weiterging, — er war schwerhörig — veranlaßte die Autolenkerin zu immer weiterem Ausweichen, bis sie schließlich die Herrschaft über ihr Fahrzeug verlor und auf den stehenden Wagen auffuhr.

C. Sicherung der Spuren und Beweismittel.

Unmittelbarer Bestandteil der Tatbefundaufnahme ist auch bei Unfällen die Aufnahme der Tatortspuren durch Beschreibung, Planskizzen und Lichtbilder, sowie die Sicherstellung der Beweisstücke. Als **Beweisstück** kommt bei Kraftfahrzeugunfällen hauptsächlich das Kraftfahrzeug in Frage sowie einzelne Zubehörteile, gegebenenfalls auch ein nichtmotorisches Fahrzeug. Die sofortige oder nachträgliche **Zuziehung eines amtlichen Sachverständigen** ist, wie schon erwähnt, stets dann zu veranlassen, wenn die Schuld an einem Kraftfahrzeugunfall einem Fehler in der Beschaffenheit des Fahrzeuges oder einem Versagen seiner Vorrichtungen zugeschoben wird oder zu vermuten ist. Falls die amtliche Untersuchung nicht sofort stattfinden kann, ist das Fahrzeug vorläufig zu beschlagnahmen. Kann es nicht in polizeilichen Gewahrsam hinterstellt werden, so ist eine geeignete andere Unterbringungsmöglichkeit zu suchen, jedoch dürfen Reparaturen vor der Sachverständigenbegutachtung nicht vorgenommen werden. Nötigenfalls sind am Fahrzeug Plomben anzulegen. Die Freigabe eines beschlagnahmten Kraftfahrzeugs darf erst erfolgen, nachdem der Sachverständige das Fahrzeug besichtigt und dieser bzw. die Staatsanwaltschaft die Freigabe angeordnet hat.

Die Zeit bis zum Eintreffen des Sachverständigen muß dazu benutzt werden, den Unfallort samt den Fahrzeugen und Spuren zu photographieren, um dem Gericht ein untrügliches Beweismaterial zu liefern. Mindestens eine Aufnahme soll die Gesamtsituation erfassen (Bild 1, 3, 5, 8, 15 u. 16), wie sie der Kraftfahrer bei der Annäherung an den Unfallort und an diesem selbst vor sich hatte und wie sie sich nach dem Unfall ergab. Die weiteren Bilder (Nahaufnahmen) müssen die Einzelheiten zeigen: die Zusammenstoßstelle, die Beschädigungen der Fahrzeuge, der Häuser usw., die Lage von Verletzten und Getöteten (Bild 2, 4, 9—14, 17 und 18).

An Spuren kommen insbesondere in Betracht: Fahr-, Brems-, Gleit- und Schleuderspuren aller beteiligten Fahrzeuge, auch Spuren von ausgeflossenem Öl, wenn dadurch der Weg des Kraftfahrzeugs gekennzeichnet wird. Hiebei ist, worauf ausdrücklich hingewiesen sei, die Gefahr sehr groß, falsche Spuren aufzunehmen. Um dies zu vermeiden, sind die Spuren von den Rädern aus zu untersuchen und nicht umgekehrt. Bremsspuren usw., die durch Laien festgestellt sind, darf der Beamte nur nach sorgfältiger eigener Nachprüfung aufzeichnen. Kann man die Spur nicht bis unter die Räder des noch vorhandenen Fahrzeugs verfolgen, so sind Vergleichungen zwischen dem Abdruck des Reifenmusters auf der Straße und den Profilformen auf dem Reifen des betreffenden Fahrzeugs anzustellen. Ist das Fahrzeug nicht mehr am Platz, so muß es zum Zwecke des Vergleichs sofort sichergestellt, nötigenfalls müssen die zu vergleichenden Muster abgezeichnet oder photographiert werden. Zweckmäßig ist, soweit überhaupt notwendig, die zur Kenntlichmachung der Spuren verwendeten Papier- oder Blechstreifen (Bild 3 und 4) mitzuphotographieren, in der Beschreibung aber zur Vermeidung von Mißverständnissen auf die Verwendung dieser Hilfsmittel hinzuweisen. Die festgestellten Fahrspuren sind nach rückwärts so weit als möglich zu verfolgen, um die Einhaltung der Fahrordnung zu erkennen.

Bei Autoflucht sind die Reifenmuster nicht nur zu photographieren, sondern auch abzuformen, wenigstens aber genau abzuzeichnen.

Ist mit Genehmigung der Staatsanwaltschaft ein Privatphotograph herangezogen worden, so hat sich dieser genau nach den Weisungen des Untersuchungsführers zu richten. Keinesfalls darf übersehen werden, daß Garantie gegeben sein muß, daß jede Retousche der Aufnahmen unterbleibt.

Tritt Dunkelheit ein, bevor eine Lichtbildaufnahme möglich war, so ist mit künstlichem Licht der Versuch zu machen, wenigstens die Gesamtlage zu erfassen, im übrigen muß man sich mit Zeichnungen begnügen. Besser ist es freilich, wenn es möglich ist, während der Nacht den Tatbestand unverändert unter Bewachung liegen zu lassen und die Aufnahmen bei Tagesanbruch fortzusetzen. Naturgemäß gilt das auch für alle nächtlichen Unfälle.

Situationszeichnungen sind fast nie zu entbehren, es sei denn, daß das Lichtbild die Lage zweifelsfrei wiedergibt (Bild 1, 2, 15 u. 16). Bei leichteren Unfällen müssen die Zeichnungen meist allein ausreichen, ebenso in den zahlreichen Fällen, in denen der Polizeibeamte so spät von dem Ereignis Kenntnis erhält, daß bei seinem Eintreffen am Unfallort alle Spuren und Beweismittel entfernt sind. Die zeichnerische Erläuterung der Strafanzeige kann dann meist nur mehr auf Grund der Aussagen von Zeugen und Beschuldigten hergestellt werden.

Wenn für die Vornahme einer späteren Tatortsbesichtigung oder einer nachträglichen photographischen Aufnahme eine „Rekonstruktion des Tatbestandes" vorgenommen werden muß, so kann dies ebenfalls nur auf Grund der Angaben der Zeugen und Beschuldigten geschehen, wenn nicht eine einwandfreie Zeichnung als Unterlage herangezogen werden kann. Gehen in einem solchen Fall die Aussagen der Beteiligten erheblich auseinander, so muß dieser Verschiedenheit durch wiederholte Aufstellung und Aufnahme der Szenerie Rechnung getragen werden.

Bild 19 und 20. Rekonstruktion eines Tatbestandes, dessen photographische und zeichnerische Aufnahme unmittelbar nach dem Unfall unterlassen worden war und der erst nach Monaten auf Grund der Aussagen des Beschuldigten und der Zeugen rekonstruiert wurde. Der tatsächliche Vorgang war folgender: Neben dem (durch Umbinden eines Blattes Papier auffällig gekennzeichneten) Laternenmast stand ein Straßenkehrerhandwagen. Der Beschuldigte fuhr auf einem Motorrad mit rechts angekuppeltem Beiwagen in vermutlich angeheitertem Zustand die Straße bergab. Er stieß dabei an den Handwagen. Dieser wurde gegen den Laternenpfahl geschoben und durch die Wucht des Anstoßes auf der Straße nach links vorwärts geschleudert. Das Motorrad, dessen Insasse beim Anfahren des Handwagens hinausgeschleudert und getötet wurde, kam ungefähr an der durch Aufstellung eines Polizeikraftfahrzeugs angedeuteten Stelle zum Stehen.

Wie sind nun Situationszeichnungen anzufertigen? Auf jeden Fall möglichst einfach, übersichtlich, aber genau. Sind Kartenblätter vorhanden, in welche man die Lage am Unfallort einzeichnen kann, so ist dies die beste Lösung. Hat man keine geeignete Karten, so muß die Aufnahme und Zeichnung ausschließlich nach der Natur erfolgen. Im allgemeinen sind Grundrißkarten anzufertigen, Ansichtsskizzen (als Ersatz für Lichtbilder) nur dann, wenn Beschädigungen an Häusern usw. zu zeigen sind.

Grundrißskizzen sind von einem Punkt oder einer Linie ausgehend aufzunehmen und haben u. a. über folgendes Aufschluß zu geben: Wege und Lage der Fahrzeuge und Spuren, Straße und deren Zubehör, also Straßengräben, Bäume, Telegraphenstangen, Laternen, Brückengeländer, Kilometersteine, wesentliche Hindernisse wie Stein- und Sandhäufen; von besonderer Bedeutung ist der Standpunkt wichtiger Zeugen. Entfernungen dürfen niemals geschätzt, sondern müssen stets gemessen werden. Kann ein Beamter keine maßgerechte Skizze aufnehmen (Umrechnung der tatsächlichen Entfernung auf einen kleineren Maßstab, meist 1:200, 1:250 oder 1:500), so soll er eine Skizze anfertigen, deren Linien im äußeren Verlauf der Wirklichkeit entsprechen, und darin jede einzelne Entfernung in Ziffern eintragen. Der Maßstab ist stets anzugeben. Fahrtrichtungen werden zweckmäßig mit Farbstift u. dgl. eingezeichnet, die Unfallstelle, wenn nicht bestimmte Signaturen verwendet werden (siehe Anhang S. 19), durch Einzeichnung eines Kreuzes o. ä. Wenn außer der Fahrtrichtung und der Zusammenstoßstelle noch andere Einzeichnungen gemacht werden müssen, so kann die Numerierung der einzelnen Eintragungen (s. Skizze 13) angebracht sein.

Selbstverständlich kann der Beamte am Tatort keine sauber gezeichnete Skizze herstellen, sondern nur eine behelfsmäßige. Jedoch muß auch sie mit genauen Maßeinträgen versehen sein, auf Grund deren dann die Zeichnung im Amtszimmer ausgearbeitet werden kann.

Zeichnungen, die von zivilrechtlich interessierten Personen übergeben werden wollen, sind zurückzuweisen oder höchstens den eigenen Aufnahmen beizufügen.

D. Ermittlung und Vernehmung der Zeugen.

So wichtig die Ergebnisse der Ortsbesichtigung sind, für die Klärung der Schuldfrage reichen sie allein nicht aus. Ihre Ergänzung bilden die Aussagen der Unfallzeugen. Als solche kommen nicht nur etwaige Fahrzeuginsassen in Frage, sondern sogar in erster Linie unbeteiligte Personen, welche die Vorgänge vor, während und nach dem Unfall beobachtet haben. In bewohnten Straßen ist namentlich nach Personen zu forschen, die von höher gelegenen Wohnungen aus die Vorgänge verfolgen konnten. Wo Autoflucht vorliegt (§ 22 KFG.), sollen sich ihre Bekundungen auch auf das polizeiliche Kennzeichen, Wagenbeschreibung, Beschreibung des Führers usw. erstrecken.

Bei allen Zeugenvernehmungen ist zu berücksichtigen, daß Schrecken und Aufregung die Beobachtungsfähigkeit bedeutend herabsetzen. Bei Anhörung von Wageninsassen ist zu bedenken, daß sie sich häufig zugunsten des eigenen Führers aussprechen.

Bei der Vernehmung unbeteiligter Personen und namentlich solcher, die dem Kraftfahrwesen fernstehen, ist besondere Vorsicht am Platze, da die Aussagen vielfach von Abneigung gegen das Kraftfahrwesen beeinflußt sind. Andererseits haben diese Zeugen den Vorteil, daß ihnen das persönliche Interesse an den beteiligten Personen meist abgeht. Ihre Geschwindigkeitsschätzungen sind in der Regel unbrauchbar, es fehlt ihnen der Maßstab hiefür. Zahlenmäßige Angaben sind deshalb abzulehnen und nur zu fragen, ob mit mäßiger oder hoher Geschwindigkeit gefahren wurde (Vergleiche mit dem Straßenbahntempo). Ist das Fahrzeug an Zeugen vorbeigefahren, oder hat es ihn überholt, so werden zweckmäßig Probefahrten vorgenommen, auf Grund deren der Zeuge seine Angabe bestätigen oder ändern kann. Die mit der Fahrt verbundene Geschwindigkeitsmessung dient nur der Ergänzung der Zeugenaussage. Für diese Prüfungsfahrt ist der Standpunkt des Zeugen im Augenblick des Vorgangs genau festzustellen und zu prüfen, ob er überhaupt die Vorgänge sehen konnte. Von Wichtigkeit ist auch, daß der Zeuge bei allen Aussagen ausdrücklich unterscheidet, was er selbst gesehen oder gehört hat und was ihm von anderen mitgeteilt wurde.

Nur in Ausnahmefällen wird ein Zeuge in der Lage sein, alle Phasen des Unfalls zu beobachten und damit die ursächlichen Zusammenhänge in ihrer Gesamtheit zu umfassen, so daß seine

Beobachtungen einen untrüglichen Schluß auf die kausale Schuld zulassen.

Zu einer geschickten Vernehmungstaktik gehört auch, daß sich der Beamte gegenüber den zivilrechtlichen Interessenten aller Äußerungen über die Schuldfrage enthält, da sie häufig im Zivilprozeß verwertet werden und ihn festzulegen geeignet sind. Dieser Rat gilt namentlich dann, wenn zunächst keine zweifelsfreie Klärung möglich ist, wer von mehreren Beteiligten der Schuldige ist.

3. Teil.

Ermittlung und Überführung des Verdächtigen.

Die Mehrzahl der Kraftfahrzeugführer genügt ihrer Pflicht bis zur polizeilichen Feststellung des Tatbestandes am Unfallort zu bleiben und nach Möglichkeit an der Bergung der Verletzten mitzuwirken. Schwierig ist dagegen die Ermittlung, wenn sich der Kraftfahrzeugführer durch die Flucht seiner Feststellung entzieht. Gelingt es rasch eine brauchbare Beschreibung des Fahrzeuges und der Insassen aufzunehmen, so ist diese mittels Rundfunk, Telephon und Telegraph an die Polizeibehörden der wahrscheinlichen Wegrichtung weiterzuleiten. Ist ein verdächtiges Fahrzeug angehalten worden (Miet- und Hotelgaragen nachsehen!), so gilt es den angebotenen Alibibeweis nach Zeit und Ort genauestens zu prüfen. Insbesondere kommt es darauf an, die Entfernung von der Unfallstelle zum Ort der Ermittlung zu errechnen, sowie die Zeit, innerhalb deren das Fahrzeug diesen Weg zurückgelegt haben kann. Durch Nachforschungen, ob das angehaltene oder ein anderes Kraftfahrzeug, das aus der fraglichen Richtung kam, übermäßig schnell gefahren ist, können vielleicht Anhaltspunkte für die Täterschaft erbracht werden. Verdächtige Fahrzeuge sind genau auf Beschädigungen und sonstige Unfallspuren zu untersuchen. Auch ist zu prüfen, ob nicht infolge Fehlens von Gegenständen (verlorene Reifen und Gepäckstücke, abgerissene Teile) eine Überführung zu erreichen ist. Im Zweifelsfalle ist das Fahrzeug zu beschlagnahmen und Sorge zu tragen, daß keinerlei Waschungen, Reparaturen usw. daran vorgenommen werden können.

Daß die psychische Wirkung eines Unfalls auf den Täter nicht übersehen werden darf, ist selbstverständlich, wenn auch erfahrungsgemäß Betroffenheit und scheinbares Schuldbewußtsein noch kein Beweis für eine Schuld sind.

Ein Wort noch zur Vernehmung des Verdächtigen: Hier gilt insbesondere, was ich von Anfang an betont habe: Notwendigkeit der Kenntnis des Verkehrsrechts und der Verkehrstechnik. Der Untersuchungsbeamte muß dem Verdächtigen absolut sicher gegenüberstehen können, muß fahrtechnischen Einwendungen usw. mit der gleichen Schlagfertigkeit und Sicherheit entgegentreten können, wie sie der Beschuldigte vorbringt.

Beim Verhör sind alle Vorsichtsmaßregeln und taktischen Grundsätze der Vernehmungstechnik anzuwenden: getrennte Vernehmung aller Beteiligten (Zeugen und Fahrzeugführer), getrennte Unterbringung oder wenigstens Beaufsichtigung und Verhinderung der Unterhaltung von Beteiligten bis zur Vernehmung; Vorhalt widersprechender Aussagen. Die Vernehmungen sind deshalb zunächst tunlichst am Unfallort zu erledigen, um eine sofortige Nachprüfung und Richtigstellung der Aussagen zu ermöglichen. Zur Beurteilung des Unfallablaufs kann es vorteilhaft sein, mit dem Führer aus der Entfernung bzw. im Fahren die Situation nachzuprüfen. Sofern der Beamte nicht selbst lenken kann, nimmt er am besten hinter dem Führer Platz, nicht neben ihm, denn dort verschiebt sich das Bild nicht unwesentlich.

Es handelt sich bei den Vernehmungen nicht darum, auf ein Geständnis hinzuarbeiten, sondern aus dem Tatortbefund und den verschiedenen Aussagen alles zusammenzutragen, was Staatsanwalt und Richter für den Nachweis einer etwaigen Pflichtverletzung und zur Entscheidung über die Schuld oder Unschuld der Beteiligten wissen müssen.

4. Teil.

Die Erstellung der Strafanzeige.

Sofern nicht von der vorgesetzten Behörde eine abweichende Anordnung getroffen wird, ist jeder Verkehrsunfall der Staatsanwaltschaft zu melden, um diese in die Lage zu versetzen, die strafrechtliche Verantwortlichkeit der Beteiligten zu prüfen. Der Anzeige sind die aufgenommenen Skizzen und Bilder beizufügen.

Die Darstellung soll von den Umständen ausgehen, unter denen der Beamte von dem Vorkommnis Kenntnis erhalten hat (eigene Beobachtung, Mitteilung durch andere Personen). Im Anschluß daran sollen die Vorgänge nach ihrer zeitlichen Reihenfolge geordnet sein; hieran reiht sich die Schilderung über die Ergebnisse der Tatortaufnahme und der getroffenen Maßnahmen, die Vernehmungen der Zeugen und Beteiligten, Angaben über beschlagnahmte Fahrzeuge und sonstige Überführungsmittel, über Zeit der Festnahme, Flucht- und Verdunkelungsgefahr, Zeit der Einlieferung in Untersuchungshaft, über Entlassung von vorläufig Festgenommenen, über Strafantragstellung der Verletzten, Personalien der beschuldigten bzw. verunglückten Personen.

Die polizeiliche Anzeige ist häufig richtunggebend für den ganzen Strafprozeß. Sie muß deshalb alles wesentliche enthalten. Der Vorgang ist erschöpfend, klar und deutlich niederzuschreiben, frei von Übertreibungen und Mißverständlichkeiten. Staatsanwaltschaft und Richter müssen sich an Hand der Anzeige ein genaues Bild des Vorganges machen können. Zweckmäßig werden alle persönlichen Aussagen in direkter Rede wiedergegeben und durch Einrücken der Zeilen besonders hervorgehoben. Die Aussagen Verdächtiger läßt man in schweren Fällen oder wenn mit einem Widerruf der Aussagen zu rechnen ist, unterschreiben.

Ob der Beamte seine Ansicht über die Schuldfrage sagen soll, ist umstritten. Maßgebend ist die Anschauung der zuständigen Staatsanwaltschaft.

Die Vorlage der Strafanzeige ist tunlichst zu beschleunigen. In ganz schweren Fällen, namentlich wenn Personen getötet wurden, ist sofortige telephonische oder telegraphische Verständigung der Staatsanwaltschaft notwendig, damit sie einen richterlichen Augenschein veranlassen kann (siehe auch Einleitung).

Anzeigenmuster 1*).

Am 30. Juli 1925 gegen 17 Uhr erfuhr ich auf einem Dienstgang, daß sich soeben an der Straßenkreuzung Otto—Eisenhammerstr.—Pfannenstiel ein schwerer Verkehrsunfall ereignet habe. Am Unfallort traf ich folgende Lage an:

Der Personenkraftwagen II Z 1085 kam aus der Richtung Maschinenfabrik Augsburg—Nürnberg und fuhr vorschriftsmäßig auf der westlichen Straßenseite. Beim Straßenkreuz bog aus dem Pfannenstiel der Personenkraftwagen II Z 4126 in die Eisenhammerstr. ein und fuhr mit dem rechten Vorderrad mit solcher Wucht gegen den anderen Wagen, daß dieser an die Hausecke des Anwesens Eisenhammerstr. Nr. 9 geschleudert wurde. Dabei wurde der Führer des angerannten Wagens aus dem Führersitz geworfen, ohne jedoch ernstliche Verletzungen zu erleiden. Im Augenblicke des Unfalls befanden sich an der Hausecke auf dem Bürgersteig die Fabrikarbeitersfrau F. und deren sechs Jahre altes Kind. Beide wurden von dem Kraftwagen an die Mauer gedrückt und erlitten sehr schwere Verletzungen. Sie wurden durch die Sanitätskolonne in das Städt. Hauptkrankenhaus verbracht, wo am gleichen Abend das Kind gestorben ist. Bei Frau F. besteht gleichfalls Lebensgefahr. Die beiden Kraftwagen führten keine Fahrgäste bei sich.

*) Von der Anführung der äußeren Förmlichkeiten (Behörde, Datum, Anschrift, Unterschrift usw.) wurde aus Gründen der Raumersparnis abgesehen, ebenso mit Ausnahme von Muster 2 von Mitteilung einzelner Aussagen.

Nachdem der Tatbestand photographisch und zeichnerisch aufgenommen war, wurden die Kraftwagen bis zur Begutachtung durch den amtlichen Sachverständigen beim Städt. Fuhrpark hinterstellt. Die Leiche des Kindes befindet sich in der Totenhalle des Städt. Krankenhauses und ist vorläufig beschlagnahmt.

Der Führer des Kraftwagens II Z 1085 ist der Kraftwagenführer M., der Wagen ist Eigentum des Kaufmanns X.

Der Führer des Kraftwagen II Z 4126 ist der Mietautobesitzer A. Die beiden Führer sind im Besitze des Führerscheins Kl. 3b, ausgestellt vom Stadtrat A. und zwar für M. am 12. August 1922 und für A. am 15. Januar 1924.

Ausweislich der Zulassungsbescheinigungen ist der Personenkraftwagen II Z 1085 ein 10/50 PS-Steyrwagen, der Kraftwagen II Z 4126 ein Mietauto Marke Opel 12/50 PS.

(Folgen die Aussagen der beiden Beschuldigten sowie der Augenzeugen.)

Der Tatbestand am Unfallort ist aus den mitfolgenden zwei Aufnahmen*) (siehe Bild 6 u. 7) und der Situationszeichnung zu ersehen. Zur Erläuterung sei bemerkt, daß der Pfannenstiel gegen die Eisenhammerstr. zu ein starkes Gefäll hat und daß der Einblick vom Pfannenstiel in die Eisenhammerstr. durch einen hohen Bretterzaun verwehrt ist. Die Eisenhammerstraße ist im Verhältnis zu den beiden anderen Straßen als Hauptverkehrsweg anzusehen, da sie Teil einer Staatsstraße ist, einen bedeutenden Durchgangsverkehr hat und dort die Straßenbahn verläuft.

Von der Festnahme der beiden Beteiligten wurde abgesehen, da sie hier ihren Wohnsitz haben und weder Fluchtverdacht noch Verdunkelungsgefahr vorliegt.

*) Die Bilder sind ein Schulbeispiel falscher Aufnahme. Es ist ausgeschlossen, daß der hintere Wagen während oder unmittelbar nach dem Unfall die aufgenommene Stellung hatte. Richtig wäre gewesen, auf Grund der beiderseitigen Beschädigungen den Augenblick des Zusammenstoßes auf einem Bild zu rekonstruieren und dann die einzelnen Anstoßstellen einschließlich der Hausecke aufzunehmen.

Anzeigenmuster 2.

Am 27. Januar 1927 kurz nach 15 Uhr erhielt die Polizeiwache des Bezirkes C—D fernmündlich die Nachricht, daß bei der Mitteldeutschen Bank (Ecke Grottenau- und Ludwigstraße) ein schweres Autounglück passiert sei. Als ich an die Unfallstelle kam, war außer einer Blutlache am Boden nichts mehr zu sehen, jedoch konnte ich noch mehrere Zeugen ermitteln, deren Aussagen unten angegeben sind. U. a. erfuhr ich von ihnen, daß ein Transportwagen der Sanitätskolonne einen Dienstmann überfahren habe, worauf dieser durch ein anderes Sanitätsauto in das Hauptkrankenhaus gebracht worden sei.

Der Eingeschaffte, der Dienstmann W., der einen komplizierten Oberschenkelbruch erlitten hatte, ist heute früh gegen 1 Uhr seinen Verletzungen erlegen. Zu dem Unglücksfall hat er sich am Samstag den 27. in weiterer Gegenwart des Wachtmeisters S. geäußert:

> „Ich hatte am fraglichen Tag einen Koffertransport zu erledigen. Als ich mit dem Handwagen, den ich hinter mir herzog, in die Nähe der Mitteldeutschen Bank kam, schaute ich um, weil ich zu dem gegenüberliegenden Pelzgeschäft B. mußte. Im gleichen Augenblick wurde mein Handwagen von einem Auto rückwärts angerannt, so daß er sich überstürzte und ich mit zu Boden gerissen wurde. Ich kam dabei auf den Rücken zu liegen. Zugleich verspürte ich von einem Rad des Autos einen Druck auf meinen rechten Oberschenkel. Welches Rad es war, weiß ich nicht. Ich rief nur, man solle das Auto von mir wegschieben, was auch einige Passanten sofort taten."

W. war bei der Vernehmung nicht mehr ganz im Besitz seiner Geisteskräfte.

Der Führer des Sanitätsautos F. äußerte sich wie folgt:

> „Ich übernahm kurz vor 15 Uhr bei Herrn Dr. N. eine Schwerkranke wegen Unterleibsblutungen zum Transport in das städt. Krankenhaus. Bei Übernahme des Transportes empfahl Dr. N. große Eile an. Ich fuhr dann etwas schneller als sonst, aber nicht mit übermäßiger Geschwindigkeit durch

die Schäzlerstraße zur Grottenau. Meine Fahrgeschwindigkeit mag 35 km betragen haben. Als ich in Höhe der großen Einfahrt der Hauptpost war, hupte ich sehr stark und sah aus der Ludwigstraße ein Auto entgegenkommen. Zu gleicher Zeit beobachtete ich auch den Handwagen vor mir und zwar in Höhe der kleinen Grottenau. Ich merkte, daß mir der Weg versperrt war, weshalb ich sogleich und zwar ungefähr 15 m vor dem Unfallort beide Bremsen, zuerst die Hand- und unmittelbar darauf die Fußbremse in Anwendung brachte. Trotzdem schleifte der Wagen noch weiter; ich verstärkte meine Bremstätigkeit auf die Höchstleistung, was die Ursache war, daß das Auto ins Schleudern kam und sich zuletzt vollständig umdrehte, so daß der Motor gegen die Grottenau zeigte. Während dieser Drehung erreichte der rechte hintere Kotflügel den Handwagen. Wie der Dienstmann zu Fall kam, weiß ich nicht. Meine beiden Begleiter stiegen sofort aus. Als der Wagen stillstand, sah ich den Verunglückten rücklings am Boden liegen. Dann wurde mir zugerufen, ich solle den Wagen vorwärts fahren, worauf ich erwiderte: ‚Vorschieben', weil meine streng angezogenen Bremsen ein Fahren unmöglich machten. Ich kann mich aber nicht mehr erinnern, daß das Auto, nachdem es die Drehung gemacht hatte, noch rückwärts geglitten sei. Ich sah dann, wie die zu Hilfe eilenden Passanten den Dienstmann auf seinen umgestürzten Wagen setzten. Darauf veranlaßte ich den Begleitmann B. ein anderes Sanitätsauto zu rufen und bei dem Verunglückten zu bleiben. Ich selbst mußte die im Wagen befindliche Patientin ins Krankenhaus überführen.

Die Ursache des Unglücksfalles führe ich auf die Schlüpfrigkeit der Straße zurück. Wäre es trocken Wetter gewesen, so hätte ich den Wagen schon in der Hälfte der abgebremsten Strecke zum Stehen gebracht."

(Folgen die Aussagen der Zeugen und die Personalien des Beschuldigten und des Verletzten.)

Die Lage vor und nach dem Unfall ergibt sich aus den anruhenden 2 Skizzen (siehe Skizzen 3 und 4), die auf Grund der Aussagen des Beschuldigten und der Unfallzeugen angefertigt wurden. Die Angaben über die Schlüpfrigkeit des Bodens sind richtig.

Der Sanitätswagen besitzt, da er noch älteres Modell ist (Baujahr 1917) eine Zweiradbremse und hat ein Gewicht von 35 Ztr. Es ist ein rechtsgesteuerter Benzwagen; die Hupe ist in Ordnung.

F. ist seit 1920 bei der Sanitätskolonne mit vollständig einwandfreier Führung beschäftigt und seit 1924 als Kraftwagenführer verwendet, ohne daß bisher gegen ihn Klagen bekannt geworden wären. Er ist im Besitz des Führerscheins Kl. 3 b, ausgestellt vom Stadtrat A. am 10. Dezember 1923.

Anzeigenmuster 3.

In Ergänzung der vorläufigen Meldung vom 18. Juli 1927 erstatte ich über den nebenbezeichneten Unfall folgende Anzeige:

Am Samstag den 18. Juli 1927, 17.35 Uhr, erhielt ich von der Polizeiwache im Hauptbahnhof die fernmündliche Mitteilung, daß in der Lindauerstraße ein Kraftwagen von einem Güterzug der Lokalbahn erfaßt und die Insassen getötet worden seien. Die Bahnhofwache hat die Nachricht von der Bahnstation erfahren. Ich begab mich sofort in Begleitung des Erkennungsdienstes im Kraftwagen an den Unfallort.

Nach Bekundung der Unfallzeugen hatte sich folgendes abgespielt: Um 17.28 Uhr fuhr der Gärtnereipächter G. mit seinem Lieferwagen II Z 4102, zugelassen vom Bezirksamt A., durch die Lindauerstraße in nördlicher Richtung gegen die Bahnunterführung Morellstraße. Neben ihm auf dem Führersitz saß die Taglöhnerin M. Bei Annäherung des Autos an die schienengleiche Bahnüberfahrt westlich des Stellwerkes I kam aus Richtung Göggingen der Lokalbahnzug, der wegen Haltestellung des Signals an der Servatiuspfründe kurz vorher angehalten hatte. Wie die Augenzeugen übereinstimmend aussagen, gab der Lokomotivführer, nachdem er „freie Fahrt" erhalten hatte, beim Anfahren mehrere

Pfeif- und Läutesignale und näherte sich mit dem 23 Güterwagen umfassenden Zug in langsamer Fahrt der Straßenüberquerung Lindauerstraße. G. scheint mit seinem Lieferwagen versucht zu haben, noch vor dem Güterzug wegzukommen, was ihm aber nicht mehr gelungen ist. Aus den am Unfallort ersichtlichen Spuren, die photographisch gesichert worden sind, ist zu entnehmen, daß das Auto von der Lokomotive vorne links erfaßt und zunächst eine Strecke von etwa 20 m gegen die Hauptbahnanlage mitgeschoben wurde. Ein östlich der Geleise im Gebiet der Hauptbahn stehender weißroter Bremsblock wurde dabei herausgerissen. An dieser Stelle scheint auch die etwa 4 qm große Brücke vom Auto losgerissen und beiseite geschleudert worden zu sein. Einige Meter darnach muß das Auto zusammengedrückt und samt den Insassen unter den Vorderteil der Lokomotive geraten sein. Der Wagen wurde vollständig zerquetscht und die Insassen sofort getötet. Die Leichen wurden nach Aufnahme des Tatbestandes auf den Westfriedhof verbracht. Die Beerdigung hat am .... stattgefunden.

Sieben Bilder (siehe Bilder 8—14) über den Tatortbefund sind der Anzeige angefügt, ebenso ein Lageplan (siehe Skizze 13). Ich bemerke hiezu folgendes: Die Lindauerstraße steigt von der Schertlinstraße aus um etwa 20 Grad an; an der höchsten Stelle wird sie vom Lokalbahngeleis überquert, das hier in die Geleisanlagen der Reichsbahn einmündet. Der Bahnübergang ist nicht gesichert. Die Lindauerstraße ist verkehrsarm. Rechts der Straße — in der Fahrtrichtung des G. gesehen — liegt der Bahndamm der Reichsbahn, links befindet sich zwischen der Straße und dem einmündenden Lokalbahngeleis ein dreieckiges Gartengrundstück. Am Nordwestrand des Gartens (entlang der Lokalbahn) ist ein Holzstoß angesetzt, der eine Höhe von 3 m hat und die Sicht nach Westen zunächst versperrt. Das Kraftfahrzeug hatte aber, wenn es auf der Südnordfahrt am Nordende des Holzstoßes vorbeifuhr, noch eine Entfernung von 60 m bis zum Bahnübergang. G. hatte also hinreichende Möglichkeit, das Herannahen des Lokalbahnzuges zu sehen, selbst wenn er die Signale nicht gehört haben sollte.

Die einvernommenen Zeugen haben — wie aus der Aufzeichnung ihrer Standpunkte in dem Lageplan ersichtlich — den Hergang aus geringer Entfernung mitangesehen. Sie machen folgende Angaben:

(Folgen die Aussagen der Zeugen.)

Der Führer des Lokalbahnzuges: Lokomotivführer K. (Personalien am Schluß der Anzeige) gab folgende Erklärung ab: (folgen dessen Aussagen).

Literatur.

Aumer, Hinweise auf die Feststellung von Kraftfahrzeugunfällen (Deutsches Polizeiarchiv 1928 Nr. 16/17).

Julier, Kriminalpolizei und Kraftfahrzeugverkehr (Bayerische Polizei Nr. 1, 1928).

Julier, Die Untersuchung von Kraftfahrzeugunfällen (Kriminalistische Monatshefte Nr. 10/1928).

Jurthe, Automobilunfälle, ihre Ursachen, Verhütung und Behandlung Polizei 1927 S. 135 ff.).

Krauth, Kraftfahrzeugunfälle, Karlsruhe 1928.

May, Was hat der Kraftfahrer an Straßenkreuzungen zu beachten? (Deutsches Autorecht Nr. 19/1928).

Miaskowski, Ueber polizeiliche Ermittlungen in Kraftfahrzeugstrafsachen (Deutsches Autorecht Nr. 13/1928).

4*

Bild 1

Bild 2

Bild 3

Bild 4

Bild 5

Bild 6

Bild 11

Bild 12

Bild 13

Bild 14

Bild 15

Bild 16

Bild 17

Bild 18

Bild 19

Bild 20

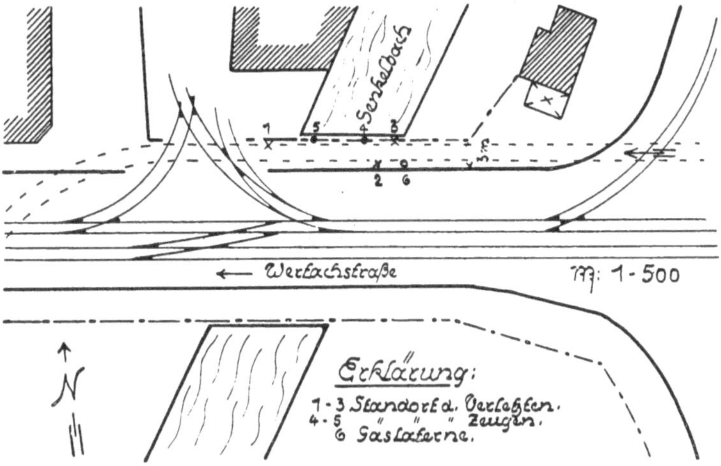

Skizze 1

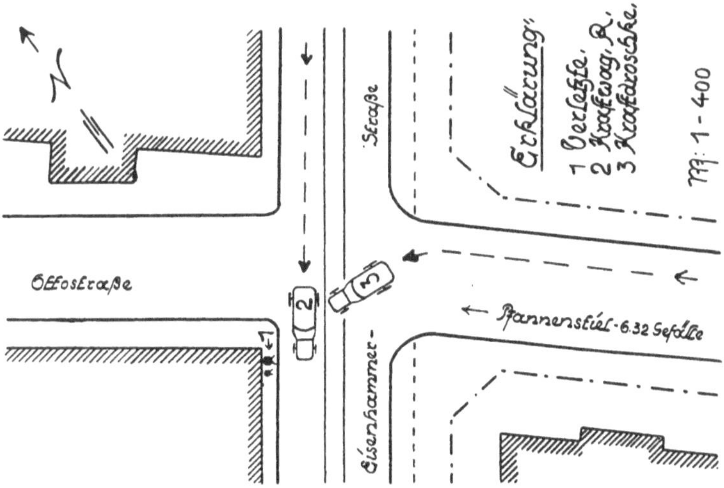

Skizze 2

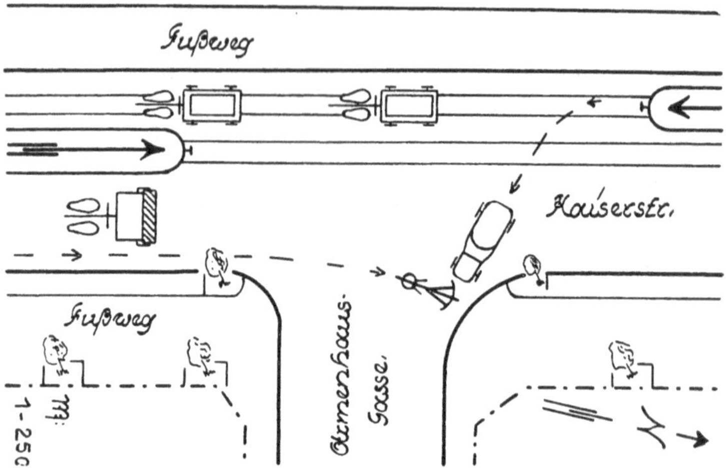

Skizze 7

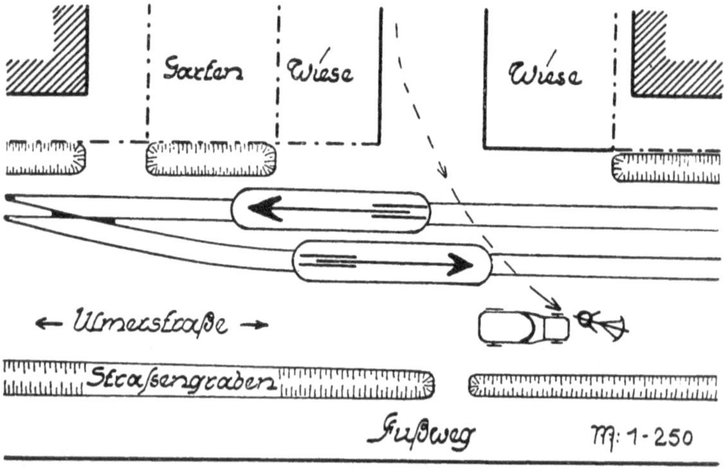

Skizze 8

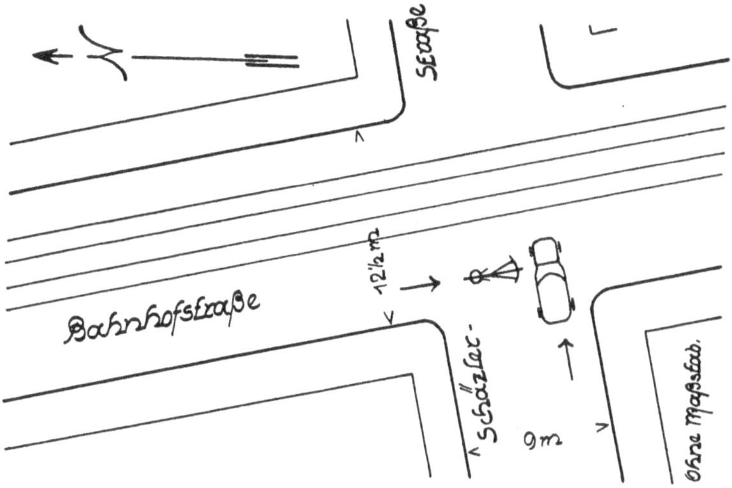

Skizze 9

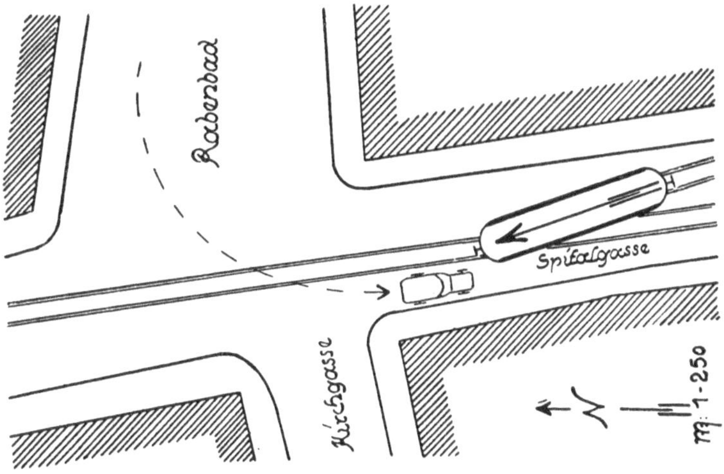

Skizze 10

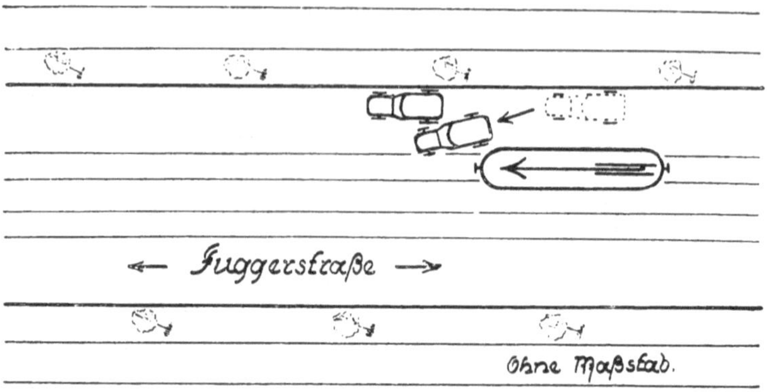

Skizze 11

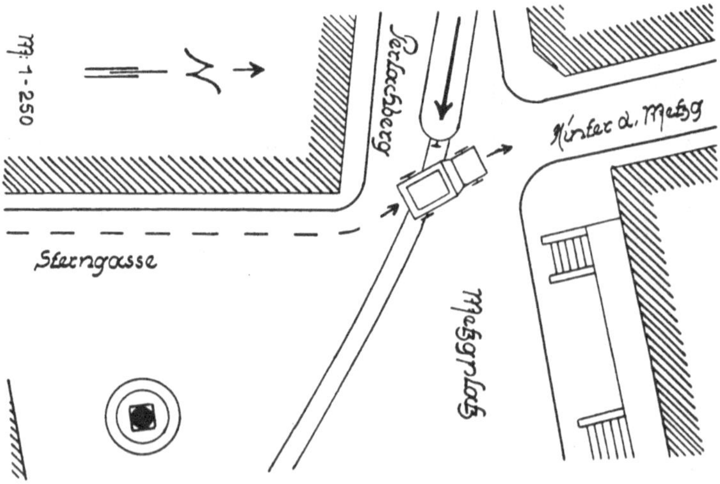

Skizze 12

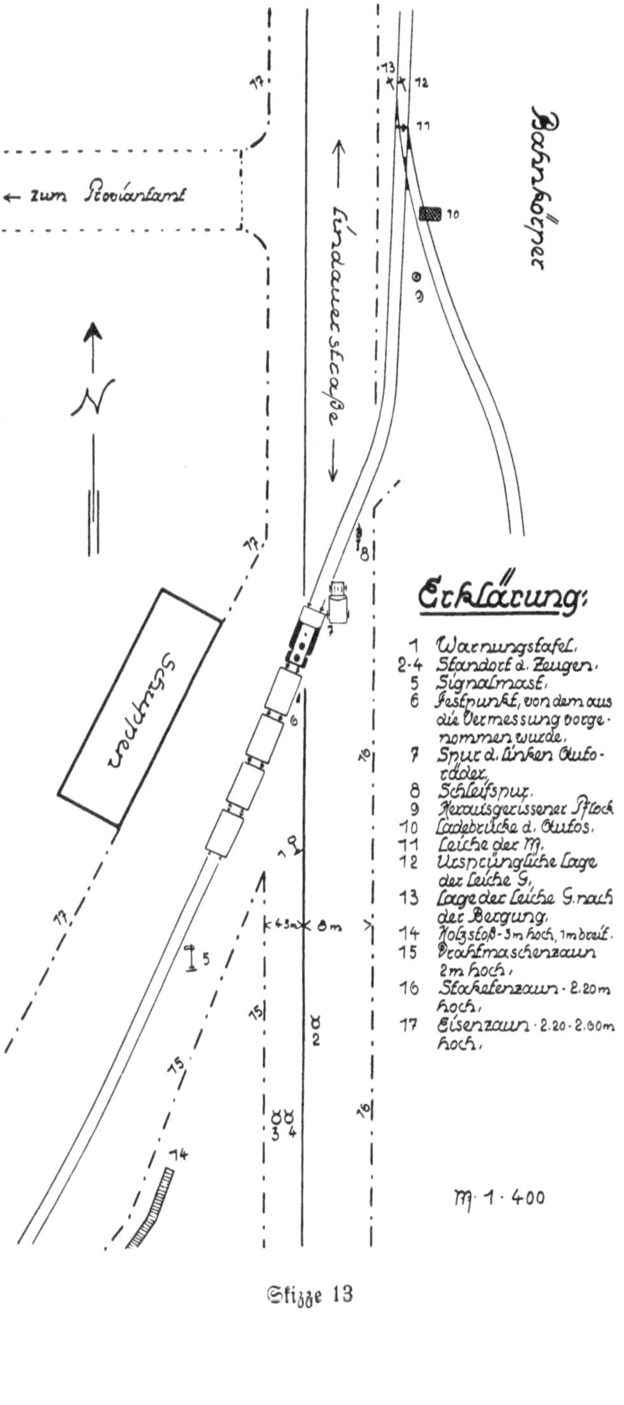

← zum Proviantamt
Lindauerstraße
Bahnkörper
Schuppen
Erklärung:
1 Warnungstafel.
2-4 Standort d. Zeugen.
5 Signalmast.
6 Festpunkt, von dem aus die Vermessung vorgenommen wurde.
7 Spur d. linken Autoräder.
8 Schleifspur.
9 Herausgerissener Pflock
10 Ladebrücke d. Autos.
11 Leiche der M.
12 Ursprüngliche Lage der Leiche G.
13 Lage der Leiche G. nach der Bergung.
14 Holzstoß - 3 m hoch, 1 m breit.
15 Drahtmaschenzaun 2 m hoch.
16 Stakentenzaun - 2.20 m hoch.
17 Eisenzaun - 2.20 - 2.00 m hoch.
M. 1 : 400

Skizze 13

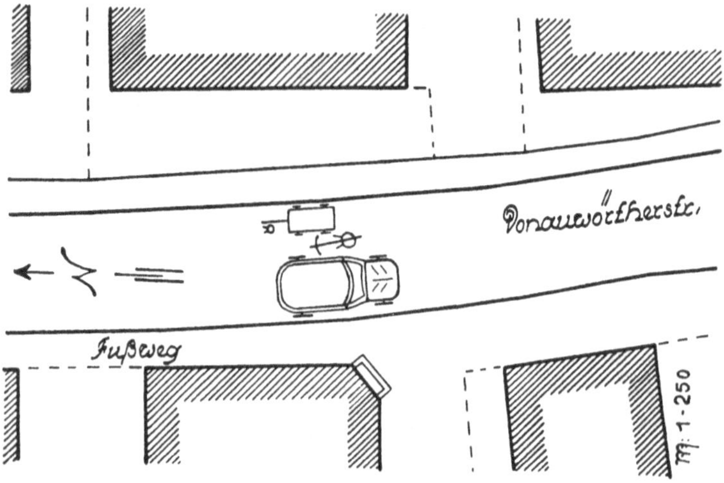

Skizze 14

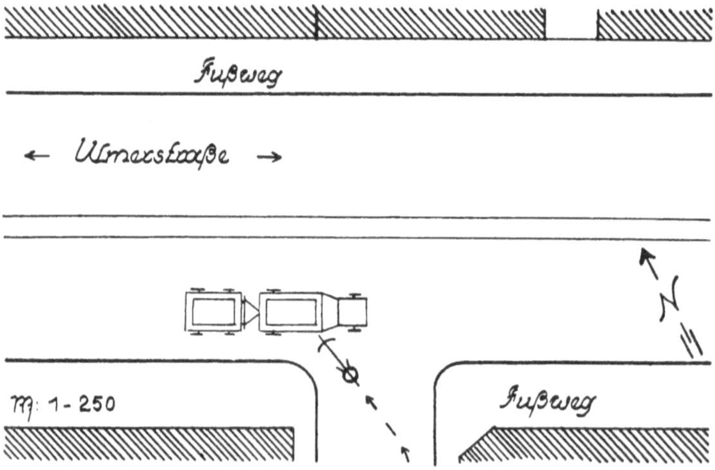

Skizze 15

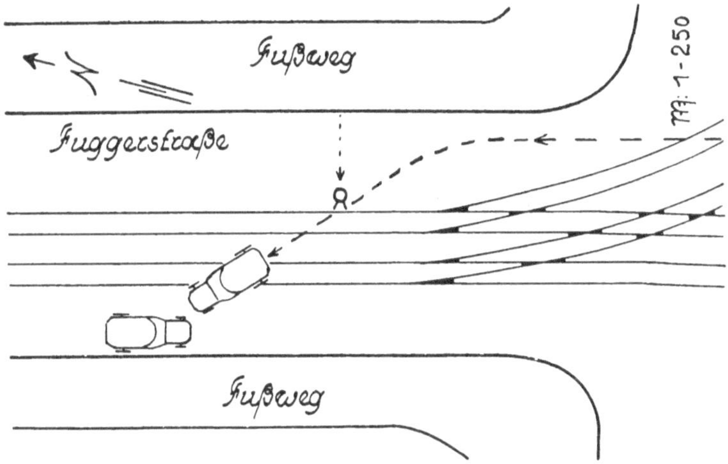

Skizze 16

Signaturen für Unfallskizzen.

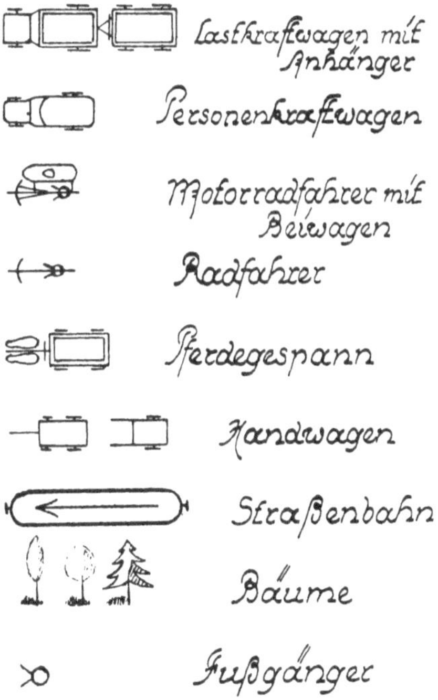

FSC
www.fsc.org
MIX
Papier | Fördert
gute Waldnutzung
FSC® C083411

Kolibri 360 GmbH
Ferdinand-Jühlke-Straße 7
99095 Erfurt, Deutschland
produktsicherheit@kolibri360.de